U0375052

20世纪的教训

一部哲学对话

[德] 伽达默尔 [意] 里卡尔多 · 多托利 著

王志宏 译

生活 · 讀書 · 新知 三联书店

图书在版编目（CIP）数据

20世纪的教训：一部哲学对话／（德）伽达默尔，（意）里卡尔多 · 多托利著；王志宏译. —北京：生活 · 读书 · 新知三联书店，2022.12
书名原文：Die Lektion des Jahrhunderts
ISBN 978-7-108-07557-4

Ⅰ. ①2… Ⅱ. ①伽… ②里… ③王… Ⅲ. ①哲学－研究
Ⅳ. ①B0

中国版本图书馆CIP数据核字（2022）第216395号

责任编辑 李静韬
装帧设计 薛 宇
责任印制 李思佳
出版发行 生活·讀書·新知 三联书店
（北京市东城区美术馆东街22号 100010）
网 址 www.sdxjpc.com
图 字 号 01-2022-7095
经 销 新华书店
印 刷 鸿博昊天科技有限公司
版 次 2022年12月北京第1版
2022年12月北京第1次印刷
开 本 850毫米×1092毫米 1/32 印张9
字 数 156千字
印 数 0,001－5,000册
定 价 69.00元
（印装查询：01064002715；邮购查询：01084010542）

伽达默尔肖像，朵拉·米滕茨威绘

因为我们拥有一种奠基性的信念，坚信我们的文化和信仰的同一性不会在对话中遭到贬低，也不会绝对性地支配他者。相反，它能够充任相互理解和相互尊重的基础。而从根本上能把人类社会紧紧凝聚在一起的东西，就是这种对话本身。

——伽达默尔

目 录

(1)*

前 言

我们面前的这本小册子《20世纪的教训——一部哲学对话》再现了我与我多年的同路人里卡尔多·多托利教授（Professor Riccardo Dottori）之间的对谈。

在这些对谈中，我们实际上是从很久以前的事情讲起的，从整体轮廓上描述了我的哲学在20世纪的发展历程。在这些对谈中，我们也不时摆脱流行的哲学思路，提到那些对特定的立场之发展和形成具有重要意义的时代问题。

在这样一种概括性对话的本性中存在的问题是，某些特定的主题只能以支离破碎的方式提到，而它们的内在联系也只能蜻蜓点水般提到，这些主题和它们的关联理应在别的地方得到鞭辟入里的讨论。

我们邀请读者在时代的精神境况中和我们一起踏

* 圆括号中的阿拉伯数字为德文原书页码，下同。——编注

上旅程，无论如何，我们没有把这一旅程理解为一趟回乡之旅，而是把它理解为对一种哲学之前提的重新确定，（2）这种哲学参与一种负责任的、与它的时代及其挑战的和解之中。

我非常高兴能够和多托利先生一起进行这样一次扼要的重述。我衷心感谢他和 LIT 出版社。

汉斯－格奥尔格·伽达默尔

海德堡，2001 年 2 月

（3）

作者序

我和汉斯–格奥尔格·伽达默尔之间进行的这些谈话发生在1999—2000年间，如果不简要地概述一下我和他相识的三十年，这些对话就无法得到理解。因此，我想擅自从自传性的序曲开始这本书，将这一序曲充作这些采访主题的开场白。在紧接着这些哲学对话的附录中，读者们会发现一个完全个人化的对伽达默尔的评价：艺术家朵拉·米滕茨威（Dora Mittenzwei）所绘、登在本书封面的一幅汉斯–格奥尔格·伽达默尔的肖像，这是向汉斯–格奥尔格·伽达默尔表示的一份敬意。

我第一次和汉斯–格奥尔格·伽达默尔相遇是在1969年的冬天，当时我从图宾根转学到了海德堡。那时候，我正在从事一项带薪金的研究，我的工作是在现代哲学领域，具体地说，是研究黑格尔的学说以及在费尔巴哈、克尔恺郭尔和马克思的著作里出现的19

世纪哲学思想中革命性的断裂。尽管伽达默尔在那个时候已经声名鹊起，但是他的名望仍旧不能和海德格尔、雅斯贝尔斯、萨特以及那些从事现象学、实存主义（Existentialismus）和西方马克思主义等研究的其他哲学家相提并论。我决定转到海德堡，在很大程度上是受到一个事实的影响，即我发现，海德堡大学下个学期的课程表中列出了伽达默尔关于黑格尔《逻辑学》第二部分——所谓的《本质的逻辑学》——的讨论班课程。不仅黑格尔体系的真实基础体现在这本著作之中，而且这正是我那段时间所从事的工作。此外，恩斯特·图根德哈特——卡尔·乌尔梅的助手，我曾跟随乌尔梅做研究——就在前不久也去了海德堡。图根德哈特被召回海德堡，成为全职教授，他此前曾经预告，会主持一个关于时间概念的极其有趣的讨论班，这个讨论班将会特别关注奥古斯丁的著作。与图根德哈特的重逢恰在我计划离开图宾根前不久，当时，他在那座城市拜访一些故友。图根德哈特为人爱交朋结友而又宽宏大量，且又知我颇深，于是告诉我，无论是他本人还是伽达默尔（他这个时候已经退休*）都不

---

* 1968 年 2 月 14 日，伽达默尔从海德堡大学的哲学教授讲席退休。——编注

本书注释均注明出处。值得一提的是，有英译本（*A Century of Philosophy: Hans-Geory Gadamer in conversation with Riccardo Dottori*, translated by Rod Coltman with Sigrid Koepke, New York: Continuum, 2003.）的若干注释也有助于读者理解，因此也被整合进这个中译本。——中译注

会开设课程表中预告的讨论班。“现在我该何去何从？”我想，“我应该推翻我的决定，不去海德堡了吗？”“您沉住气，”图根德哈特说，“即便伽达默尔这个学期不讲授黑格尔的《逻辑学》，他在将来也肯定会补做这件事。他是一位具有献身精神的教育家，（4）他不会这么快就停止讲座和主持讨论班的。”果不其然，在接下来的岁月中，这句话被证明是道破天机的；因为伽达默尔在 1985 年——也就是说，17 年以后——才作了他最后一次讲座。他在过了 85 岁高龄之时，才结束他的教学活动，而他最终决定从教学岗位退下来，也是为了把他的时间集中起来出版他的著作。十年之后，他才完成这项任务。

我最后下定决心转到海德堡，不仅是因为可以在那里再次和图根德哈特共事的念头怎么也挥之不去，而且我还抱有一份希望，他最终会开设关于奥古斯丁时间概念的讲座或者讨论班。然而，图根德哈特的所作所为与我的期望大相径庭，他彻底抛弃了这个计划，相反，一头扎进了分析哲学的研究，为的是能够处理他在研究亚里士多德时遇见的形而上学问题，将之和分析哲学进行比较，并且对它做进一步的研究。这一浩大的工程终于在他在海德堡以“分析哲学导论”为题而开设的讲座内容出版之时达到高潮。就伽达默尔而言，事情朝着完全不同的方向发展，而我必须说，是以对我最为有利的方式。伽达默尔没有开设关于黑格尔《逻辑学》的讨论班，他解读了康德的“第三批判”——《判断力批判》，而这本书构成了伽达默尔的解释学——以及确切地说，构成他的奠基性著作《真理与方法》的起点。

那时，我对《真理与方法》还远谈不上烂熟于胸。尽管这本著作已经被认为是一本令人兴致盎然而又举足轻重的好书，我却只是匆匆浏览了一遍，还没有倾尽心力一丝不苟地细读它。与许多其他著作相比，这本书明白晓畅，因为它是以一种行云流水、要言不烦、优雅得体的风格写就的——除了内容外，正是这种风格最终使得《真理与方法》一书成为20世纪的经典著作。

伽达默尔的讨论班允许我深入地沉浸在文本的解读之中，而且同时，它还把我引入一个全新的思想世界。这个讨论班为我开启了真正全新的思想道路，这些道路不仅关乎一种对于审美经验的全新思考，而且也关乎对于形而上学的和生存论的经验的一种全新思考。在我的学习和研究生涯中，很少有其他讲座对我造成如此根本的冲击。我能够回忆得起来的、(5) 能够与之相提并论的其他讲座只有两次：其一是我在罗马大学参加的第一次讲座，在这场讲座中，圭多·卡洛杰罗（Guido Calogero）邀请了雷蒙德·克里班斯基（Raymond Klibansky），后者是著名的新柏拉图主义专家，尤其是研究拉丁文柏拉图（《柏拉图神学》的中世纪翻译）和关于普罗克洛与巴门尼德的评注的专家。卡洛杰罗和克里班斯基之间的讨论给我留下的印象和我从海德堡的那个讲座所获得的印象相差无几。后来，四年之后，我参加了德里达在巴黎高等研究院开设的讨论康德《判断力批判》的讲座。尽管这些讲座非常有趣，但是它们没有达到海德堡讲座的同等水平。当然，我们必须考虑到，这是伽达默尔本人的根本的主题。由于我们在这里处理的是康德，我们也应该记住，伽达默尔和他的整个思想流派毫不含糊地立足于德国哲学的传统之中，这和德里达的情况不可同日而语。

实事求是地说，我被伽达默尔讨论班上超群绝伦的讨论水平征服了。我应该提及，讨论班的每一位参与者都在许多年后占据着德国最重要的哲学讲席之一。但让我念念不忘的是伽达默尔本人的形象，他在讨论时的平易近人和聚精会神，他对待每一个表达出来的意见的郑重其事，他对其他人的想法从善如流，就好像他时时乐于择他人之善而从之，以及他总是心甘情愿质疑他自己的意见——即使讨论已经取得重大的进展。然而，一旦伽达默尔对他自己的论题深信不疑，要劝说他放弃他的推理思路，可谓“戛戛乎其难哉”。我必须说，在这场以及随后的讨论班上，我在讨论时提出的微不足道的美芹之献也常常得到采纳。我们之间就是这样发展出思维的共性，这一共性把我和他系缚在一起达几十年之久。

当然，重要的事情不是对自己的想法深信不疑、捍卫至死，相反，我们必须不断地质疑它们，而不固执地以为我们有了定论（das letzte Worte）。伽达默尔在他那本近乎吹毛求疵的自传中毅然断言说，“一个想要给出定论的解释者，是一个可怜的解释者”。（6）伽达默尔坚持这种自我阐释，因此他总是给他者一个发言的机会。这就是无论什么时候人们去拜访伽达默尔，讨论总是能够持续整个下午，有时候会拖延至晚上的原因，如果讨论是在傍晚开始的话，讨论甚至会延至深夜。我还记得我的一个智利朋友阿尔方索·戈梅斯–罗博对我讲述的一个故事，他是一个柏拉图专家，如今任教于华盛顿的乔治城大学。戈梅斯–罗博第一次登门拜访伽达默尔的时候，就和伽达默尔展开了一场持续到深夜的讨论。我的朋友离开时，因为谈话时间过长而极力表示歉意，伽达默尔回答说，“不必拘礼！你完全知道，一个柏拉图主义者绝不会给另一个柏拉图主义者带来不便。”的确，对一个柏拉图主义者来说，只有对话才是通往真理的知识的道路，而别无他途。

“真理”这个概念的名声在20世纪受到了深深的伤害，尤其是在我们考察它的历史之时。在进行下面的采访时，在我们的大脑中挥之不去的正是这段历史，它就像是给20世纪后半段留下的见证，在这半个世纪粉墨登场的是欧洲文化的根本改变，而这值得我们反复咀嚼，细细品味。

如果说我来到海德堡——这座城市位于内卡河河畔，具有独特的城堡和古老的桥梁，它塑造了德国浪漫主义的心灵——在我身上激发类似于完全沉浸在过去的德国文化中的感觉，那么，它的现状对我产生的吸引与之相比毫不逊色。那些岁月里，正值学生兴起抗议活动，我发现自己被裹挟进他们的队伍之中。作为一个获得研究资助的人，我一只脚站在学生的阵营里，而另一只脚站在那些教导学生的人的阵营中。许多在海德堡的教导者都站在学生一边——其中包括前面提到的图根德哈特。三十年后，对它的评价无论多么歧义纷呈，我们都不能回避一种印象，即有一种集体性疯狂侵袭着双方。这种疯狂总是会出现在那些为了他们的迷思（Mythen）而战斗的人之中，这里所说的这种情况亦当如是。对于组织一次抗议、游行或者暴动来说机会成熟的时候，也是另一方鼓动一次相应的、相抗衡的运动的机会成熟之时。因此，有一次，在海德堡发生了这样一件事情，学生在美国领馆前面举行游行示威和一次有组织的抗议之后，（7）警察们对大学发动了一次“攻击”。他们狠狠地揍了一通碰巧出现在那里的所有学生——甚至包括那些毫无思想准备的学生，他们只是想在课后避开事件平静地回家。

实际上，尽管存在着要上演一幕阶级斗争和无产阶级革命戏剧的意识形态动机，但是，这次抗议是一个富裕社会和消费社会的产物。参与抗议的重要活动家主要是那些出身于资产阶级而非无产阶级的学生，这绝非偶然。鉴于这一事实，人们不应该把发生在1960年代末期欧洲的抗议活动和贯穿那十年的风起云涌的工会斗争混淆起来，在战后经济发展和随之而来的索取工作的浪潮中，后面那场斗争根本上改变了工人阶级的状况。学生的抗议活动所改变的东西主要是社会和家庭内部的习俗，所谓“普遍的道德”，也就是对于性和所有形式的权威的反抗态度。它不是任何别的东西，而只是青年人对于所有权威的抗议——这一抗议使得我们习惯的生活方式发生了天翻地覆的变化。但是，作为它的后果，它同时也造成令人沮丧的药物滥用、非法堕胎以及巨大的心理动荡，这种心理动荡刺激了心理分析的快速发展。

1969年2月，在这种一点即燃的政治气氛中，发生了一件事情，海德格尔在伽达默尔生日到来之际来海德堡拜访他。因此，所有讨论班的成员都收到了和海德格尔一起参加在伽达默尔家里举行的晚间讨论班的书面邀请。这次主题为“艺术与空间”（die Kunst und der Raum）的讨论班在晚上8点钟开始。这个主题和海德格尔在雕塑家奇利亚达（Chillada）的展览于纳沙泰尔美术馆举办时所作的同名讲座相关。然而，在这次讨论班之前，海德格尔已经应邀举办一场公众讲座，讲座是当天下午在大学的一个学术报告厅举行的。报告厅里的学生人满为患，来自学院的教授们坐在前排，其中包括伽达默尔和勒维特。勒维特几年前就已经是荣誉退休教授，现在是哲学系的重量级人物。（8）他也为伽达默尔的生日致了辞，并用三言两语的评论为海德格尔的讲座做了导入语。不幸的是，讲话竟然没有在学生当中引起应有的巨大反响。虽然作为一个犹太人，勒维特在第三帝国时期曾被迫流亡，但是，他表现出了一种相当保守的态度。他谈到大学的本质——文化亦是如此——如何由于批量生产和工业的原因而处在衰落之中。有一个事件令我记忆犹新，其他教授对他所说的东西都鼓掌赞扬，而图根德哈特却对他的讲话惊愕不已，非常明显地放弃鼓掌，尽管他就紧挨着勒维特站着。

伽达默尔在简短地表示感谢的致辞中强调了教育的限度（“人类的钙化”），以及他对教育的献身（“一个人不是应该成为他已经变成的那种人吗？”）。最后，他邀请海德格尔作演讲。海德格尔的声音低沉，略带沙哑，也许他是故作沙哑，表达出所谓的老年人的吃力以及不得不在那样的场合进行讲演的事实。他的话语散发出来的魅力仍然是那么强大，虽然它从根本上说不同于他著名的马堡讲座的那种“强烈的思辨色彩”——伽达默尔常常这样描述那些讲座。这并不是因为他不能密切关注当代的事件，也不是因为他开始有些精神恍惚；毋宁说，他的整个讲演是在为当代哲学，尤其是现象学，进行一场辩护。他认为，一旦一种真正的哲学想要和事物发生真正的接触，或者说它想要严肃地与事物相对峙，那么，在它之中就总是有现象学。然后，他以如下言辞结束了他的讲演："在我们的当代史中，马克思的言辞和我们的关系最大，他告诉我们，哲学的使命再也不是解释世界，而是去改变它。然而，如果我们想要改变世界，我们必须知道我们改变这个世界是出于何种目的，且唯有哲学才能告诉我们这一点。"在这一刻，所有人都鼓掌了——学生和教授不约而同。听讲的人中还有列奥卢卡·奥兰多（Leoluca Orlando），他现在是巴勒莫市市长，曾以与黑手党做斗争而闻名世界。他和我几乎同时在海德堡学习和从事研究。我们一起发自肺腑地热烈鼓掌，他后来还在他那本关于巴勒莫的（9）书中回忆起这次事件，认为它对于他的人生和成长有着深远的影响。

由于对马克思的特别关注，人们会不由自主地对作为他的对立面的黑格尔产生一种同样强烈的兴趣。不只有马克思是他的学生，列宁奠基性的思考也是一半从马克思的《资本论》得出，一半从黑格尔的《逻辑学》得出。黑格尔所提出的东西，本质上是从人的理性和自我认识的视角出发对历史所做的沉思，是历史中的理性的一种证成，或者，无论如何，是在它的一切阴影或者在它的辩证法——权力与屈从状态、启蒙与迷信、反抗与同意等之间的辩证法——中的理性的证成。实际上，与其说它和历史中的理性——或者，更确切地说，历史中的上帝——的证成有关，不如说它和历史自身的纯粹证成有关——如果我们把后者理解为人的自由的不断实现的话。这就是他关于现实的结论性反思、本体论的反思的意义。所有这一切难道只是现状（Bestehenden）、普鲁士国家和它的君主立宪制的一种合法化吗？或者，甚至更糟糕的是，难道它（就像马克思认为的那样）是工业社会早期对于工人阶级的压迫的合法化？这也就是马克思和克尔恺郭尔在对黑格尔哲学及其体系化的意志进行根本批判时再一次拾起的争论。这也是我的著作围绕其而展开的那个动机，它对于我有关黑格尔的兴趣起到了决定性的作用。它也激发了那个时代的学生和知识分子的普遍兴趣。所有这一切在下一年达到了顶点，在 1970 年的冬季学期，伽达默尔终于开设了关于黑格尔《逻辑学》第二部分的讲座，而且它是以令人叹为观止的方式完成的。

讨论班快要结束之时，我们正在讨论黑格尔形而上学的基本概念，如本体论的反思的概念，这个概念起源于黑格尔青年时期的著作，而在康德反思性的和规定性的判断力中达到最后的终结，这些我们在以前进行的讨论班上都讨论过了。在这个学期快要结束之时，我就这一主题作了一场专题报告。在最后一次课堂上，我们期望伽达默尔对整个学期（10）做出一个回顾性的评论。但是，正是在这次课堂上——偏偏那天碰巧是 2 月 11 日，伽达默尔的生日，海德格尔和他一起走进教室，坐在他旁边的座位上。伽达默尔开始发言，在他对整个讨论班的结论以及我的专题报告做了总结之后，他引用海德格尔论尼采的著作中的一句话结束了讲话。在他引用的那个段落中，海德格尔正确地把黑格尔的本体论的反思这一概念描绘为现代哲学的关键之所在。但是，这种主体性的形而上学，由于它从人类自由的自我实现的视角出发，通向历史的形而上学，所以，它顺理成章地在尼采自己的绝对权力意志的形而上学中发现了它的终结。然而，在所有这一切中，人们毫不含糊地认识到，由技术所作的对于实在的整体挪用，以及由于这种挪用而出现的绝对的虚无主义、一切价值的缺席和贬值。

接下来，问题就转给海德格尔了，他主动接过这个问题，为这段引言和它的论题进行辩护，并且得出一个结论。我详细地记录了这一切，并且后来把它发表了。[①] 海德格尔在这个场合提出的最令人感兴趣的论题是这样一个事实，即他从来没有理解，为什么本

---

① 参见汉斯－格奥尔格·伽达默尔：《黑格尔的辩证法》，里卡尔多·多托利翻译并评注（*La dialettica di Hegel, con due lettere di M. Heidegger ad H.- G. Gadamer*），都灵：马里埃蒂（Marietti）出版社，1973 年 2 月；经过校订和增订的版本，热那亚：马里埃蒂出版社，1996 年，第 189—202 页。德文的《论黑格尔、海德格尔和伽达默尔的关系：海德堡的相遇》，载《贡献》（*Bijdragen*），第 38 期（1977 年）。——作者注

质（Wesen），即 *on*（存在），在希腊人那里发展成为 *hen*（一）的方式，会与存在（das Sein）在康德那里于统觉的综合统一性的基础上发展成为一的方式几乎一模一样。根据海德格尔的说法，这就是被理解为先验反思的全部哲学反思的旨归，这也就是即使是理性的逻辑运用也必须和统一性概念系缚在一起的原因。职是之故，先验的反思变成了黑格尔的存在论的基础，因此，所有的实在物奠基于这种理性的最终统一性之中，而这不仅是实在向我们显现的原因，它甚至是历史自身得以合法化的原因。马克思《资本论》中的基本概念、价值概念——价值的概念是从直接从本质（das Wesen）变化而来的——正是建立在这个基础之上。所有这一切都在尼采的权力意志概念中达到顶点。

（11）这次课堂令我心潮澎湃、激动不已，但是，在很长一段时间以后，在我也理解了伽达默尔的原初意图之后，和海德格尔的这次相遇对于我的意义才逐渐清晰起来。这绝非只是事关恢复海德格尔个人的崇高名誉，或者只是尝试着把他从与世隔绝的状态中找回，他在被弗莱堡大学解职之后，听从他人建议而处于这种与世隔绝的状态之中。毋宁说，这事关他的思想的复兴，事关重新踏上他和希腊人与现代人的观念进行漫长的对话时所走的那条道路。这条道路径直通往在尼采的思想中表达出来的那种令人望而生畏的挑衅。他正是在卷入国家社会主义的那段岁月突然遇到它，而它又使他陷入一种深刻的危机，他试图通过对于荷尔德林的阅读而从这种危机中逃逸出来。

无论如何，现在，在所有这一切的基础之上，自发地出现了一个问题：这种话语实际上成功地理解了历史的意义吗？或者，它不过是和一种新的哲学建构相关？所有这一切在实际的社会历史中找到了它的平行物吗？还有，哲学家（无论是好哲学家还是坏哲学家）在他们的历史中拥有一种真正的意义吗？也许哲学家所获得的那种重要性，是他们实际上对于在他们眼前所发生的事情认识了多少的结果，也就是说，是他们对于真实的历史过程认识了多少的结果。也许海德格尔说现象学构成一切真正哲学的核心时，他就是这个意思。也许他本人懂得，在他最初把现象学限制于对实存或者世界上的人的此在的结构进行的分析时，他要背负多大的责任（与真实的历史过程相比而言）。也许他没有预先思考这个问题的事实是他屈服于一种完全错误地理解的国家社会主义的一个理由。这也许就是他重新定位他的思考的过程，这种思考把他带回到不同类型的现象学，这种现象学不再（步胡塞尔之后尘）从内在的时间意识的角度出发提出存在问题，而是从得到更加宽泛解释的存在史的视角出发，而存在史相当于西方文化史。就像黑格尔已经为他做出的榜样，海德格尔试图彻底揭示实际的历史发展阶段。这些考察使黑格尔（12）得出他对历史中的理性的认识的主要论点，并且因此演证了历史中的上帝的正当性或者合法性；与此相反，对于历史的一种考察却把尼采和海德格尔引向一种过度的虚无主义的观点。当然，所有这一切都是不相干的，如果我们把以下事实纳入考虑当中的话，即在经验20世纪之后，我们再也不能从事哲学研究而不担心对我们来说实际上发生了什么，而绝不会像形而上学做过的那样，只是纯粹地提出存在问题自身。或许这就是伽达默尔念兹在兹的东西，这一点和海德格尔适成对照。一定要知道如何拉拽围绕着我们的一切事物的线头，以便发现组成实在性的那个网络，我们陷入其中的那个蛛网——这是伽达默尔有次去马堡拜访时，马克斯·舍勒给这位青年学生的建议，而他对此记忆深刻。

无论如何，海德格尔和雅斯贝尔斯在我们这个世纪的哲学史中各自所起的作用——每一个人都以他自己的方式，并造成不同的后果——实际上事关重大。在一段友谊与合作之后，他们二人在纳粹兴风作浪之时发现，他们再一次处在对立的处境之中。海德格尔在其中看到了复兴纯粹德国文化的机会，他的这个观点逐渐根深蒂固，甚至不去设想会发生什么。而雅斯贝尔斯娶了一位犹太女人为妻，因此，即使在他们齐心协力致力于大学改革的理念之时，他也无法苟同海德格尔的观点。海德格尔在1933年大学校长就职演说中鼓吹的，也是这同一种理念。但雅斯贝尔斯充满教养而又趣味高尚的头脑告诫他即将发生什么。海德格尔当然也知书明理，但是他本质上是一个农民，一位崇信没有上帝的神秘主义的神秘主义者，这个神秘主义者失去了上帝，他让自己不断地寻找上帝。

在他被召唤去往柏林时，他第一次意识到他屈服于一种错误。雅斯贝尔斯一直延颈举踵渴望这样一次任命，所以他鼓励海德格尔接受它。于是，他启程去了柏林，希望能够遇见希特勒，希望在他和希特勒之间建立起一种类似存在乔瓦尼·詹蒂莱和墨索里尼之间关系的关系。然而，他甚至都没能（13）见上总理大人一面，于是，他回到了他的出生地梅斯基尔希，开始反省他的失望。他写信给他有一半犹太血统的朋友伊丽莎白·布洛赫曼说，“整个事情都糟透了”。然而，他接下来仍旧担任大学校长一职，随后又发表了克罗齐称为“愚不可及但首先是奴性十足”的那篇讲演，这一事实表明，他仍在坚持他的幻想，至少是以不起眼的方式。这当然不是一个才华横溢或政治上高瞻远瞩的好例子，但是人们不应该把它归于糟糕透顶的追名逐利或者反犹主义的坚定信念。他对汉娜·阿伦特的爱、他和伊丽莎白·布洛赫曼的友谊，以及与战争期间继续留在他身边的犹太助手和同事的友谊雄辩地证明了这一点；他在履职仅仅九个月之后就辞去大学校长职务也说明了这一点。没有人能够说，无论是他的哲学，还是他的生活，以任何方式服务于或者影响过国家社会主义的历史。

雅斯贝尔斯留在德国，尽管他被禁止了大学的教学活动而被迫处于退休状态。他不想和他的妻子分开，他更想和他太太一起经受各种风险，正因如此，他在我们看起来是个和海德格尔完全不同而更有洞察力的人物。但他也处于完全不同的境遇之中，即使这种境遇并非更加令人羡慕。无论如何，在法国占领时期他对海德格尔的所作所为并不能获得大家的交口称赞，当时，他投书弗莱堡大学的去纳粹化委员会说，即使海德格尔可能是德国最伟大的哲学头脑，让他隔几年不教书对他也许更有好处。他在德意志联邦共和国的最初阶段为自己创造的那些假象显示，他并非深谋远虑之人。听伽达默尔说起这些事，雅斯贝尔斯对于海德格尔所作的判断以及决定开始自我强加的到瑞士的流亡，在政治上显得天真，而且有些道学家的气味。尽管如此，他们俩最终达成和解，黑格尔的那句名言，“精神的伤口愈合了，没有留下任何疤痕”，得到了证实。这几位名列前茅的哲学主角在20世纪德国舞台上扮演了嬉戏打闹的小丑角色，这不能在他们个人的历史或者政治的角色的基础上进行考察，而应该（14）独一无二地在他们作为思想家的角色的基础上得到考察。像很多其他人那样，他们都是国家社会主义的牺牲品。

伽达默尔在20世纪后半叶阐释了哲学主角的作

用。伽达默尔在六十岁时才出版了他基础性的著作《真理与方法》。他在这个时候不仅已经名闻遐迩——通过他关于柏拉图的著述以及其他论述现代诗的哲学论文，而且，尤其是在马堡大学和莱比锡大学，通过他作为编外讲师（Privatdozent）的教学活动，他早就成熟了。他 1935 年到达莱比锡，一直到战后都在那里执教。在苏联占领的最初阶段，他担任校长职务，甚至在德意志民主共和国成立初期他还留在那里。他满怀自信、满腔热情地履行大学校长之职，他的校长就职演说让雅斯贝尔斯大为光火（据说雅斯贝尔斯曾评论说，"他现在成了一位共产主义者"），这导致伽达默尔在海德堡大学受到雅斯贝尔斯的冷眼相待，后者还切断了与他的友谊，这些他在采访中都描述过。但是在 1995 年，伽达默尔被授予莱比锡市荣誉市民的称号，一位当初的学生撰文提到，伽达默尔 1945 年的就职演说曾经让他心潮澎湃。当伽达默尔在大学广场面向政治权威的代表、市政管理人员和大批市民作演讲之时，苏联士兵正骑着马包围这个广场。这个学生告诉我说，"只有伽达默尔能够作那样一场演讲。我们都感觉得到，他在保护我们"。

在这场演讲中，伽达默尔主张（他从未再次这样主张），既然文化传统的力量被证明如此脆弱不堪，不足以从国家社会主义的野蛮状态和谋杀的疯狂中保卫这个国家，那么，人们就不应该回头指望古老的东西，而应该指望新的东西。然而，他接下来提请大家注意几点：那种总是一直存在的东西和仍然是他的解释学实践的关键之处的东西——作品的事实性（Sachlichkeit der Arbeit）；依靠它自己提供的东西维持自身的疑问；最终导致对于人们发现的东西无条件信任的学者的审慎（*phronesis*）；以及最后，一个人的行为的简朴性，它会导向宽容和真正的团结。我们可以用一个概念来概括所有这些——“智慧”（die Weisheit）。

在后历史主义的时代，一个人从事学术工作和面对一个（15）文本时的那种严肃认真必须从根本上受到个人的投入的引导，而且必须通过这种投入才得到理解。对于阐释而言，除了阐释的严肃性没有任何规则可言，这种阐释的严肃性永无休止地质疑它自身，直到我们对于我们能够抵达本质的东西深信不疑。然而，我们永远不能认为，我们达到了任何类型的所谓“阐释的客观性”，文本、主体和历史时期都可以在这种阐释的客观性中得到彻底解决。反对历史相对主义的危险的唯一保证在于：知晓我们的一切阐释的不可抗拒的历史性。伽达默尔本人说过，这基本上就是他从海德格尔那里学到的东西：如果我们直截了当地意识到我们的存在的历史性，那么，我们就既超越了任何一种真正的历史性的本体论，又超越了任何一种相对主义。这一点对于所有关于世界的阐释都是适用的，因此也适用于对于所有以前的存在论和形而上学的决定性的清算，而不会因此失去规定历史的视域的基本主张或者它的真理，这一主张或真理借助于视域融合而将自身合法化。解读一个文本变成了解读世界的模型，而哲学解释学变成了哲学或者解释学的哲学。

伽达默尔注重实际的、怀疑主义的和宽容的举止，以及他在外交方面的自然天赋，让他有可能安然度过三次革命，即魏玛共和国的革命、第三帝国的革命和共产党的变革。伽达默尔在他的自传中向我们解释说，“……三次革命什么也没有改变”。从心理的角度讲，他未受到损害是因为他的自信；从身体的角度讲，是小儿麻痹症救了他，他在战争爆发以前得这病时已经是成人了。他被迫做的那些小小的让步从来没有触及他的人格的核心。他从来没有着迷于阿谀奉承或者追名逐利，他从来没有为了在那些岁月里获得志业上的成功而付出自我否定的高昂代价。正如黑格尔所告诫的，“缝补过的袜子胜过压根儿没有袜子，但是，在自我意识这件事情上，并非如此”。因此，伽达默尔能够体面地与雅斯贝尔斯、他在马堡的犹太人朋友，雅各布·克莱因、列奥·施特劳斯和卡尔·勒维特等人保持联系。在一切都烟消云散之后，(16) 他甚至想方设法把勒维特弄到海德堡和他共事。一旦国家社会主义的恐怖过去之后，他立即以同样的方式设法再次和他的第一位老师海德格尔取得联系。

尽管他是一个明显的保守主义者（哈贝马斯从很

早起就指控他这一点），尽管他和哈贝马斯在“解释学和意识形态批判”这个主题上发生了冲突，但是多亏了他的秉性，伽达默尔从来没有在这些基本问题——例如，权威和批判的关系（这是这场争论的起点）、社会一致同意的概念（这在整体上加深了对于权威的确认），或者传统与解放之间的关系问题等——上犯错误。随着意识形态斗争的起伏和随之而来的东欧政权的崩溃，伽达默尔证明他在对于解释学哲学而言根本的问题上是正确的：保持不变的真理是我们的文化传统和市民传统的真理，而不是在科学方法的结果中显示自身的真理。任何权威，只要它真的是一种权威并且被承认为一种权威，它就建基于这种真理，权威只有在它得到承认的时候，才是真正的权威。否则，正如伽达默尔在1972年着重指出的，也正如历史的经验已经指出的，权威会堕落，东欧国家最近的失败又一次证明伽达默尔是对的。尽管存在各种批评（也许人们会反对这些批评），但是我们的传统的权威，作为既定的或者政治的权威的基础，从根本上说是一切社会一致的支撑性基础。它的力量与其说存在于经得起各种批评之中，不如说存在于使任何批评得以可能之中。因为，所有的批判和所有的讨论预设了使得所有的市民讨论、所有的对话得以可能的支撑性的共同同意，无论它是存在于不同的社会群体和不同的政治群体之间，还是存在于不同的信念体系、宗教和意识形态之间。

这就是伽达默尔教给我们所有人——包括1968年的学生和尤其是哈贝马斯——的教训，因为他们的冲突主要取决于他们各自的权威和传统的概念。顺便说一下，哈贝马斯是第一个理解这种教训的人，而且与学生运动在法兰克福造成的动乱有关。他最终离开了大学（17），离开了从1972年到1975年那段动荡岁月中法兰克福的愤怒氛围，得以抽身去一个他和图根德哈特在慕尼黑附近的斯塔恩贝格湖畔（Lake Starnberg）共同创立的、名为“技术科学世界中生活条件研究所”的研究机构。实际上，他并没有在那里停留太久，图根德哈特去了柏林，而与此同时，哈贝马斯又回到法兰克福。到那时为止，大学里的情况又发生了变化——和平回来了，那些狂放不羁的灵魂又重新需要一种确定的安全感。彼时刚出版了《哲学与自然之镜》的理查德·罗蒂应邀来到海德堡担任教学工作。新实用主义——理查德·伯恩斯坦也看到在伽达默尔那里也潜伏着这种实用主义——已经从美国的舞台来到德国，开始在德国找到它的信徒。

伽达默尔的学生米凯尔·滕尼斯也曾经公开同情左派的圈子（Szene），这时他从海德堡转去了柏林，但是，柏林的思想氛围也发生了变化。在多次尝试一种新的形而上学的努力搁浅以后，对于形而上学的批判消失了，这与其说是由于启蒙了的哲学意识，不如说是由于时值实存主义和分析哲学的历史时期。在美国和欧洲，所有人现在都全神贯注于伦理学之上。在图宾根，图根德哈特曾经对实存论的问题感兴趣，但是为了跟上时代的步伐，他在他的新著《自我沉思和自我规定》中一定程度上返回他最初的主题，在这本书中，他仍然保持为克尔恺郭尔的反黑格尔论战的一种回声。

意识形态的战火使得这个世纪浸满鲜血，而且在学生的抗议活动中找到了它最后的回响，当这样的战火熄灭之时，当所有人现在变得对伦理学情有独钟之时，人们也发现了伽达默尔的第一本著作，《柏拉图的辩证伦理学》。这本书是伽达默尔在海德格尔指导下撰写的教授资格论文，从根本上被构想为，要么是亚里士多德伦理学的导论，要么是亚里士多德和柏拉图的共性的揭示。最终，它开创了所谓“实践哲学的复兴”，这一复兴始于1980年代的德国。它重新发现了实践之知，把它当作有别于理论和知识的特殊类型的知识；这种知识只是为它自己的利益而存在，（18）它本质上是唯一一种能够帮助我们既在我们的私人生活方面又在我们的公共生活或社会生活方面进行理解和做出决定的知识。*phronesis*（实践智慧）、智慧在这里扮演了一种根本性的角色，而且在意识形态斗争的灾难性后果中发现了它真实的和真正的证实。

正是哈贝马斯本人承担起结束这种证实的任务。

他试图重新赢得真理的概念，无论如何，它都不是我们文化传统意义上的真理概念，而是一种普遍的实用主义的真理概念，他逐渐把这种概念发展成为交往行动的概念。这种概念也影响了哈贝马斯在法兰克福的同事卡尔－奥托·阿佩尔，后者发展出一种交往共同体的理论或者交往伦理学的理论。伽达默尔曾经向我们指出，理解的所有伦理原则都可以追溯到柏拉图哲学的辩证原则。最终，所有的话语伦理学都奠基于趋向统一的意志，而非交往共同体的一种所谓的“先天”（*a priori*）。然而，如果朝着话语伦理学的定向遵从伽达默尔的思维，哪怕是在很小的程度上，那么，完全重新接近伽达默尔——部分地由于建基于权威的一致同意观念，部分地由于传统的持续的价值——就再也不是遥不可及之事了。正是他和美国哲学、罗尔斯的正义理论，以及关于德国与美国民主的根本法权境遇和基本概念的狂热讨论等之间的冲突，导致哈贝马斯重新发现与一种纯粹理性的论证模式相关的传统和历史语境的价值。在关于法权的合法性以及尤其是规范的合法性的争论中，他意识到，这不只是建立在理性论证（rationalen Argumentation）的基础之上，而且也建立在社会的历史实存、它的规范的基础之上，以及创造性的阐释行为的基础之上。

然而，哈贝马斯以他在伽达默尔百岁生日之际撰写的一篇论文为基础，重申了对于伽达默尔的批判。

哈贝马斯认为，伽达默尔丧失了哲学主张（19）必须具有真理性这一真正的要求，如果这些主张和事实不是互相矛盾的话。而且，他还认为，伽达默尔忽视了“富有启发意义的对于世界的放弃”。根据哈贝马斯的看法，他只是把握住了我们文化传统的遗产，它在古典的艺术作品或者在文学和诗歌作品中发现了它的典范，而这些作品总是指向自身的，永远也不可能和实在性处于矛盾之中。在历史主义的余晖中，除了新的诗歌的“神秘主义”，我们什么也没有留下。此外，因为伽达默尔主要依赖词语的说服力量，而且也因此依赖修辞的论证方式，所以，他把自己定位在新实用主义和解构主义之间。

不必提及的是，伽达默尔对第一项指责没有提出任何异议。他总是援引亚里士多德《诗学》中那个著名的段落，不厌其烦反反复复地说，历史只能告诉我们事件是如何发生的，而诗比历史更富于哲学意味，因为诗告诉我们事件可能如何发生或者应该如何发生。这也就是他捍卫黑格尔时奠基于其中的那个基础：理性并不会和个别的历史事件处于一种矛盾之中。无论事情可能是如何发生的或者可能仍然会如何发生，最终的真理，我们可以接受为唯一真理的真理，是哲学提供给我们的那种真理，因此，它也就是揭示了人类自由不断通过历史而最终实现的真理。然而，这并不意味着，我们对于事件如何发生了无兴趣，而恰恰相反，它对我们来说举足轻重，因为，如果我们把行动的真理建立在任何别的东西的基础之上，无非就是把行动的真理建立在放弃事实的基础之上。

最后，第二个反对意见就是，我尝试着要在这本对话录中为它提供回答的那种反对意见。在历史主义江河日下之时，一种新的神秘主义是否可能？它是否是我们理解的意志和劝说的意志都视为旨归的东西，如果我们归根到底把这两种最终的目的理解为朝向共同一致的同一个意志的话？在基督教纪元20世纪即将结束之时，人类需要的东西以及我们需要确认的东西，也许就是这种具体的共同一致—— 一方面，这个世纪的基本标志是对于艺术和科学进步的新经验，另一方面，它更重要的标志是令人恐惧的求取毁灭和死亡的意志。仍然可能达到共同一致这一期望（20），就是那个最后的神吗？就是海德格尔失去了他如此痛心疾首地察觉到其缺席的那个最后的神吗？这个最后的神是仍然存在的最后希望，是已经成为过去的形而上学的最后遗产，以及那个将会在它的毁灭中幸存的东西吗？

在伽达默尔看来，在依赖诸神话而生存的，处于这些神话和这些意识形态的斗争之中的、满身血污的世纪之后，所有形式的信仰和所有伟大的宗教就所有人都共同拥有的东西达成一致同意，似乎是唯一可能拯救人类的东西。这种一致同意当然不是哲学深思熟虑的结果，即使这些深思熟虑指向那样一种可能性。

但是，它关涉的也不是作为劝说和个人对话的结果的那种一致同意问题。它实际上是一个对话的问题，但是在伟大的宗教之间进行的一场对话，因为这场对话要特别强调所有宗教都共同拥有的东西，也就是，作为一切宗教之基础的那种神圣者的意义。而这种意义源自于对我们自己的有限性的认识，源自于我们面对生命本源时的敬畏之心，以及我们对于死亡的极端限制的不安的觉知。我们灵魂中的这两种基本情感也是任何形而上学、任何存在和非存在问题的基础：一是亚里士多德描述过的我们面对生命时的敬畏之情和惊奇之情；一是海德格尔描述过的我们面对非存在或者面对死亡时的畏（die Angst）。一种畏变得越来越深广，因为，正如伽达默尔所言，虽然经历过去一百年悲剧历程的欧洲似乎发现了一条和平共存的道路，但是，现在是全人类都发现自己受到了威胁。

20 世纪画上了句号。伽达默尔，这个活过了整个世纪的人，亲眼看见了它的全部恐怖和全部错误，显然对于任何新的东西都不抱什么希望，除了那个最后的神。他的解释学哲学，作为一种反思人类有限性的哲学，定睛观看了我们已经解释的一切和我们仍然要带向我们的文化传统的一切，秉持一种有信心的和对将来者（Kommende）敞开的观点。他的生命惠赐他一百年的经历，这对一个哲学家来说是独一无二的，尤其是如果我们考虑到他是在一个什么样的世界中度过了一百年！他的生命盛满的不仅是活生生的经验，而且（21）是老成练达的智慧。如果我们真的想要在他的哲学中发现一个关键词，那么，我们不应该只是说“解释学”或者“阐释”，而应该像他自己反复道及的那样说*phronesis*（实践智慧）或“智慧”（die Weisheit）。通过这次采访，我们应该设法从他的智慧中获益，期待着它会嘉惠我们所有人，还期待着黑格尔的那句格言被证明是真的——精神的伤口会愈合，而不留下任何疤痕。

我很高兴，（海德堡的）艺术家朵拉·米滕茨威授权允许我们使用伽达默尔的雕像，它于2001年3月揭去面纱。我会追随这种个人的敬意并附加上我的某些思考。

我要向汉斯－格奥尔格·伽达默尔（因为他的诚挚坦率）、女艺术家（因为她乐意授权）、罗马和海德堡的许多助手，以及最后但并非最不重要的LIT出版社表示诚挚的谢意。

里卡尔多·多托利

于罗马

（22）

第一章

phronesis（实践智慧）：一种有限性的哲学

多托利： 20世纪似乎是以一种关于存在问题的否定性平衡而关闭大门的，它似乎取消了西方思想认为值得追问的一切问题——尤其是生活的意义和死亡的神秘这样的问题。因此，我们想要提出的第一个问题是：在海德格尔和分析哲学两次发动想要解构它的努力之后，在哲学的和文化的传统之中还剩下哪些一直有效的东西，或者，从它最高的发明——形而上学中，仍然可以挽救的东西是什么？

伽达默尔： 也许可以尝试从海德格尔和我发展的观念出发来回答这些问题。在最初的时候，青年海德格尔从一种经院主义或者天主教的立场出发接受了他的形而上学，并且从那里出发进一步发展了它。我第一次遇到海德格尔的时候，这种发展已经羽翼渐丰。他后来去了马堡，这种发展开始后退到更多地与一个清教徒的期望相一致了——我应该说，和一个路德或者梅兰希通（Melanchthon）的形象保持一致了。从新教主义的视角出发，一种形而上学明显是毫无必要的。我记忆犹新的是，海德格尔身上攫夺住我的东西不是形而上学的复活，而是对于形而上学本性的重新思考。确切地说，是以下面这样一种方式，即实存问题（Existenzfrage）变成了它的主题，而时间和有限性问题也因此变成了它的主题。就这样，我们有了一种有限性的哲学，如果您愿意，也可以说同时有了一种时间性的哲学。我以前已经从海德格尔那里学到的东西是他对于新康德主义的批判，而站在这一批判背后的人物是马克斯·舍勒。海德格尔在 1913 年和舍勒在马堡有过一次会晤，舍勒所作的演讲是批判新康德主义的观念论的。舍勒的这次讲座对于尼古拉·哈特曼和后来不知不觉比较接近了本体论的实在论的马堡学派（die Marburger Schule）都产生了影响。（23）这压根儿就不能使我信服，因为那个时候，对于观念论的批判通向的是一种关于价值的形而上学的——甚至是托马斯主义的——本体论。

在海德格尔那里，情况就是另一个样子了。在他那里，由于他的冲击力和他的思想的撞击，死亡问题、向死而在等问题处于他著作的核心。海德格尔的著作对于在我们马堡的学生来说并不是什么惊天动地的事件。在听他五年讲座的过程中，我们已经有机会跟踪这本书的形成过程，它立足于对时间性的分析。那时，我正尝试着做些不一样的事情，甚至是海德格尔根本做不了的事情，这种尝试体现在我的著作《柏拉图的辩证伦理学》之中，我把这一著作作为我的教授资格论文。我在尝试沿着不同的道路抵达哲学，尤其是沿着实践知识（practischen Wissens）的道路。我后来以 *phronesis*（实践智慧）的形态发展出来的东西早在这里就已经成型。这些论文（例如，就像那篇论述实践知识的论文）既显示出我后来以概念的形式发展出来的东西，又显示出我当时没有做的事情。但是关键性的步骤已经做出，因为从那一刻起，即使我仍想对海德格尔亦步亦趋，但是，我再也不能从那里出发把握他了。我清晰地记得，我从那托普那里得到一份海德格尔还没有公开发表的手稿。这份手稿后来曾经遗失，但是，有一天它又重见天日了。令我印象深刻的是，这份手稿后来以"亚里士多德的现象学阐释：解释学处境的显示"为题发表在《狄尔泰研究》上。但是，在重读这份手稿之后，我看到，实际上我可以极为明确地确定，海德格尔事实上压根儿就对实践知识或者 *phronesis* 不感兴趣。

多托利： 那他感兴趣的东西是……

伽达默尔： 是存在。

多托利： 因此，您认为，存在问题被从它通常的经院主义的－本体论的关联之中移出去了，也就是说，从存在自身的科学的问题之中，从它像心理学、宇宙论和神学一样的各自的区域本体论之中移出去了，以便能够被放置在一个全新的基础之上，即放置在海德格尔自己对于人的此在（Dasein）的把握的基础之上。海德格尔和雅斯贝尔斯一道将这种把握称为“实存”（Existenz），对我们来说，实存的基本结构已经使得在古老的形而上学的意义上，以一种索然无味的和对象化的方式来看待存在（24）成为不可能。但是，在海德格尔的此在分析之中，难道他不是从对亚里士多德的一种解读出发而向前推进的吗？难道他本质上不是对《尼各马可伦理学》情有独钟吗？

伽达默尔：不，完全不是那么回事。如果你仔细观察，他实际上完全不是对于亚里士多德情有独钟。显然，他一度是这样的。甚至我最初也是通过海德格尔才注意到了 *phronesis*，实践知识的通情达理。但是，后来我发现了 *phronesis* 的一个更好的基础，因为我不是通过德性，而毋宁是通过对话发展出 *phronesis* 的。

多托利：您当然要极力坚持 *phronesis* 这个概念，它后来变成了您自己的哲学的关键概念，您尤其坚持您称为“解释学经验”的那种经验。《尼各马可伦理学》一书中的这个核心概念最初翻译成拉丁文的 *prudentia*，您曾经指出，*Jurisprudentia* 这个术语来源于法官（Richter），法官要不断地面临把普遍的法律应用于个别的案件之中的问题，而个别的案件总是会偏离普遍的法律而提出正确应用的问题。这种正确应用法律被认为是正好受着 *prudentia* 的引导，而 *prudentia* 又被认为是以合乎正义的方式规定着法律和特殊案件的适当性，以至于由此而做出的判决相应于 *equitas*（公平；亚里士多德的 *epieikeia*）、合适的标准。那么，这种恰如其分的裁决就变成了将来的裁判的基础——这就是拉丁文的 *Jurisprudentia*（法学）一词的形成过程。从把普遍的法律应用到特殊的案例的 *phronesis* 这个概念出发向前推进，您赋予这个概念更加宽泛的含义。具体地说，您指出了，这种公正地适用法律的做法不仅预设了一种关于借助它可以实现德性和正义的那个手段的认识，还预设了一种关于目的的认识。然而，首先，在正确地把普遍法律运用于特殊的案例之时，您看到了阐释（Interpretation）这个普遍的问题，这个问题反过来变成了解释学哲学的一般问题。就这样，您抵达了一个概念，这个概念（25）意味着取消理性这个概念，而又不失去它的本质内容。在这以后，Vernuenftigkeit（通情达理）应该是 *phronesis* 的更合适的翻译。这就是您把 *phronesis* 提升到对话的基础的过程。您的意思是说，如果我们从亚里士多德回溯到柏拉图，那么柏拉图的观点是不会发生本质性的变化呢，还是您认为这两位哲学家站在共同的基础之上呢？

伽达默尔：当然是站在共同的基础之上。我的全部工作的意义——这个意义也将一直贯穿我接下来的研究——是要指出，尽管亚里士多德对于柏拉图有那么多的批评，但是，断然把柏拉图和亚里士多德对立起来是根本不正确的——那个时候我就已经开始看到——不，在这里和 *phronesis* 有着某种更为内在的关联，我后来很好地证实了这种关联，而 *phronesis* 实际上是一个柏拉图的概念。因此，我越来越发现，海德格尔没有能力承认他者的存在这一事实，是他身上的一个重大缺陷，而甚至在那个时候，我就开始公开谈论这一点了。于是，我认为已经很清楚的是，通过他对于实存的分析，通过他对于上帝的寻求，他希望最终获得的是对一个基督徒经验意义上的人的实存的更好哲学证成。今天，我最初的洞见现在成了一种不刊之论；而同样清楚的是，这样一种分析和对于人的实存的把握将他者的问题弃而不论了。

多托利：但是，海德格尔不是谈论过共在（Mit-sein）、与他人杂然共处（Mit-den-anderen-da-zu-sein）和作为人的此在的优先模式或者作为实存结构的良知（Gewissen）吗？难道这种结构和这些现象与你（Du）的基本经验没有任何关系吗？

伽达默尔：是的，是的——我们也许对它做了过于片面的解读；尽管如此，一开始，那个良知的问题让我大吃一惊。此外，还有一个在 *phronesis* 和拉丁语词 *prudentia* 以及德文词 Gewissen（良知）之间是否相应（Entsprechung）的问题。Gewissen 真的是 *phronesis* 的正确翻译吗？把 *phronesis* 和 Gewissen 放在一起，或者把第一个概念、现象的意义放进第二个概念里，从来都没有使我特别信服过。我是最早追随海德格尔的人中的一个，他的思考曾经使我神魂颠倒；我自己的思想道路之确立实际上是在我首次遇见海德格尔之后。(26)自然，我最初佩服得五体投地，那篇论述存在概念的论文所说的东西具有极大的解放作用。我那时22岁。事实上，这件事情传播得如此之远，以至于后来的评论家把海德格尔的某些卓尔不群之处归功于我，这当然是一派胡言。然而，从我的角度来说，我很快就接受了海德格尔。另一方面，我不得不说，哈特曼以客观化的方式处理存在，在我看来是一种绝对站不住的立场。

多托利：所以，您认为，在良知和*phronesis*之间建立起一种密切的关系是错误的？

伽达默尔：嗯，在海德格尔看来，良知毋庸置疑不是他者，而毋宁说就是这种“朝向发现自身”(zu-sich-selbst-findens)之谜。

多托利：那共同存在(Mit-sein)呢？

伽达默尔：共同存在实际上变成了只是忍受某一个他者(einem anderen)。无论如何，我逐渐发展出来的东西不是共同存在(Mit-sein)，而是杂然共处(Miteinander)。对海德格尔来说，共同存在是他不得不做出的让步，但是他从来没有真正地支持这种让步。即使在他已经发展出这种观念的时候，他也根本没有真正地讨论过他者。共同存在就其自身而言是一种关于此在的陈述，即必须自然而然地视共同存在为理所当然。我必须承认，良知（Gewissen）——具有良知（Gewissen-haben）——不，它是毫无说服力的。“操心”（die Sorge）总是一种对他自己的存在的操心状态（ein Besorgtsein），而共同存在，说实话，是一种极其微弱的他者的观念，与其说是一种真正的“对他人感兴趣”，不如说是“让他者存在”。

多托利：您在《哲学学徒生涯》一书中提到，您在里斯本讲座（1943年）中表达了对海德格尔的批评。您也曾经试图指出，依照海德格尔，本真的被抛状态（Geworfenheit）指的是人的有限性的基本结构，它正好在他者的现象中显示自身。

伽达默尔：那是后来的事儿，很久以后的事儿。

多托利：是的，您后来在讲座中公开讨论了这一点，但那是对于这种最初的批判的一种回忆。您是什么时候第一次公开和海德格尔说到您的最初批判的？

（27）**伽达默尔：**在我第一次在马堡和海德格尔相遇之时，还有在他写作《存在与时间》期间，我们进行第一次讨论之时，我都公开表达过。那个时候，这种观念对我来说变得完全清晰了，而我也是第一次公开表达我的批判。

多托利：海德格尔对此是怎么想的呢？他的反应又是什么？

伽达默尔：海德格尔承认了这一点——我们必须这样来表达，因为他毕竟远在我之上——他承认，我和他者的观念之间的关系要远远比他和他的共同存在的关系紧密得多。共同存在是一种稀释，因为“共同”（das Mit）坦率地承认，他者也是此在，那么，这个“也”（auch）是他自己为他的良知所做的辩护。

多托利：我现在似乎搞清楚了。是不是从那一刻起，您就开始启动您的有限性的哲学，是不是从那一刻起，您最终建立起一种看待赞成或者反对形而上学的未来哲学的视角？

伽达默尔：正是如此！尽管您问起那些问题来，就好像当时我对一切只有到后来才清晰地出现在我面前的东西就已经胸有成竹一般。不管如何，从根本上说，事情就是那个样子。尼科莱·哈特曼让我参考《尼各马可伦理学》。他想要让我写点东西。他大概看到了他没有从我身上得到足够的东西，而《尼各马可伦理学》会把我引向价值概念。当然，在这方面，我的任务是非常艰巨的。如果说那个时候这项任务对我变成了一种灾难可能是更真实的。我试图通过许多关于快乐（*hedone*）的论述来理解亚里士多德，但是我实际上再也没有重看这篇论文。我甚至不知道，它实际上是否仍然存在。在那时，我只是拿了一份给哈特曼，让他看看它是什么样子的，而他总是习惯于因为我对他的思想亦步亦趋、毫不走样而表示非常满意。但是，在我承担起这个亚里士多德的主题以满足来自哈特曼的压力之时，我意识到，甚至在我的心里，这个主题也设计得极其拙劣。后来，我试图用海德格尔的方式完全避开价值概念，但是失败了。不过，海德格尔在书信中严厉地斥责了我，不幸的是，这些信件直到最近才突然出现，但总算是出现了。因此，就和《存在与时间》相关的第一部分书信而言，或者（更应该说），就海德格尔用来把我从新康德主义中解放出来的全部动力而言，（28）我想要说的是：它实际上是某种我还没有做好准备的东西。海德格尔对我说，“它实际上什么也不是”，因此，我放弃了它。实际上，这对我来说是一次严重的危机。哈特曼注意到，在我身上显示的海德格尔的思维轨迹不是没有后果的。于是，他也参与到海德格尔对我的努力的批评之中；而我当时已经给哈特曼一些论述快乐（*hedone*）的东西了。“好吧，”海德格尔对我说，“它真的什么也不是。你的天赋还不足以达到从事哲学工作的程度。你需要学习拉丁语和希腊语，直到你可以开设相关课程。”我花了很多年去做那些事情，直到海德格尔离开马堡一年以后。

多托利：那么，接下来发生了什么呢？如果我没有弄错的话，您在想方设法放弃价值概念，而坚持咬定亚里士多德和本体论问题，或者，至少可以说咬定伦理学问题？

伽达默尔：是的。只是您必须考虑这样一个事实，那时，我正开始踏上一条全新的道路。我说："不，我必须考虑尽快结束。"我只花了三年的时光就成了一名教师，而那是非常短的时间了。然后，我从亚里士多德的《前分析篇》(*Protreptikos*)和关于三部《伦理学》[①]中亚里士多德哲学的发展历程的全部争论开始。耶格尔的论文对于我来说没有澄清任何东西——我必须顺便说一下，我对于耶格尔的批判是完全正确的——与此同时，耶格尔的论文被完全抛弃了。人们还会读点他的东西，但是再也不会郑重其事地讨论他的东西了。所以，到那时为止，它对我来说不攻自破了。它是不正确的。一开始，我在快乐和知识之间看到了一种纷繁复杂的关系。亚里士多德使 *agathon*（善好）——它把快乐和知识统一在一起——的主题和 *phronesis* 的概念联系在一起，而后者既规定了实践知识，同时又是对它的一种修正。我认为，您在这里寻找的是某种对我来说极其难以表达的东西。那么，在我来到（《尼各马可伦理学》）第七卷的时候，我做了什么？我学到了很多关于《前分析篇》和耶格尔的立场的东西。我甚至在耶格尔的协调下获得了一份德国研究协会发放的薪金。当然，后来他拒绝了我的批评，但是他承认我的工作的彻底性。从那以后，他待我彬彬有礼，尤其

① 三部《伦理学》指《尼各马可伦理学》、《欧德谟伦理学》和《大伦理学》。——中译注

是因为后来，指出亚里士多德的全部著作（29）并不符合他的时间顺序发展说的批评者接踵而来。如今，我们在古典语文学中仍旧会普遍地犯这种类型的错误，因为我们所有人都认为，一切东西被写出来只是为了撰写著作考虑。这是不正确的，它实际上是颠倒过来了：他们是为了教书而写作。同时，正如您知道的，我个人逐渐领悟到，《形而上学》（因为耶格尔的伟大功绩之一是指出《形而上学》这本书中的各卷实际上并不是首尾一贯、铁板一块的）实际上并不是一本书，也就是说，它并非完帙。这是明明白白的。我还没有那么大的影响，以至于能够在盎格鲁－萨克逊世界获得普遍承认。他们最终仍然相信，通过把柏拉图和亚里士多德对立起来，我们可以得到更多的东西，而实际上，我通过越来越多的研究发现了他们之间的内在亲缘性。我现在必须告诉您我做了什么样的工作——我根据扬布里科的文本详尽无遗地分析了《前分析篇》。我只是指出人是如何工作的。我追问的是："他试图要去做的是什么事情？"然后，我逐渐接近一个确定无疑的结论——在那里，没有任何与对于理念学说的批判相关的东西。

您可能会问这整段时间里我在做什么。噢，我成了一名古典语文学家，我写了一本关于《克力同篇》（*Klitophon*）的著作，但是它从来没有出版，仍旧藏在我的箧笥之中。接下来，我写了一篇关于品达（Pindar）

的考试论文，因此，在大概有三年的时间里，我什么都没有做。实际上，我除了这篇关于耶格尔的论文什么都没有做，我是在关于古典语文学的知识的基础之上写作这篇论文的。

多托利：因此，所有这些工作的意义是，您把自己从本体论的价值概念这一问题域中解放了，或者至少，从尼科莱·哈特曼的价值本体论中解放出来？

伽达默尔：是的，我也想这么说。

多托利：如果我们来看一看柏拉图和亚里士多德，那么，您的批判是，亚里士多德发展了关于*agathon*（善好）的问题，但不是基于他对于柏拉图理念学说的批判，而是基于*phronesis*（实践智慧）。另一方面，是不是柏拉图的*agathon*也应该同样被看待，但不是基于一种本体论的视野，而是作为一个伦理学（在这个词的真正意义上）的问题，并因此而作为对话的问题？

伽达默尔：当然是的。您简直是提出了我的哲学如何（30）进一步发展的问题。是的，在海德格尔的《存在与时间》面世之前，我就看到了这两个方面，以及对价值概念的批判。从一开始，我就觉得极为古怪，哈特曼居然会将价值本体论看作实在论概念——暂且这么说——的升级形式。那时候一下子一切事情都纷至沓来。当然，很长一段时间里，我连续不断地跟随海德格尔和哈特曼工作——我参加他们的讨论班，我甚至参与他们的讨论班的准备工作。在哈特曼的本体论的发展和海德格尔随即跟上的对他的批判出现之时，我正好出版了我的第一本著作，它为我的学术生涯铺平了道路。

多托利：总结一下，我们能否这样说：在尼采对价值进行批判时，他是正确的，因为在所有的价值哲学中，价值哲学都只是某种本体论的另一面？

伽达默尔：当然，就一种伪客观主义（Pseudoobjektivismus）而言，这种客观主义和价值理论处于某种非常值得质疑的关系之中。

多托利：所以，尼采是正确的，而且，尽管如此，向一种将来的有限性哲学保持开放是这样一种可能性，即把本体论或者形而上学翻译为一种有限性哲学的可能性，确切地说，就像把价值哲学"重新估价为"——在尼采的意义上——一种对话哲学一样。

伽达默尔：这种观念也在马克斯·舍勒那里发酵——在他的新伦理学中，或者，更确切地说，在他阐述一种新的质料性的价值伦理学的尝试中。舍勒在那个时期写了两本书，他还在马堡开设讲座。然而，海德格尔总是批评舍勒。只有当海德格尔写了《存在与时间》和舍勒写了《伦理学中的形式主义》第一卷以后，"海德格尔转向"（Bekehrung Heideggers zu）舍勒的情况才发生了。尽管海德格尔继续批判舍勒，但他也是绝无仅有的理解了舍勒的那个人。

多托利：所以，这种有限性的哲学有朝向将来的可能性。

伽达默尔: 毋庸置疑。它有这种可能性，在我看来，这种可能性是绝对不可触动的。当然，这就是我总是不厌其烦地说的东西，在我看来，只要我们能够成功地把历史主义从它的怀疑论的坚固的障碍中解放出来，那么，我要说的是，这就是人——时间性，有限性。

（31）**多托利:** 在这一点上它肯定的东西是什么，或者它的肯定性的方面是什么?

伽达默尔: 我在和他者之间的关系之中看到了它的肯定性的一面，所以，我就把辩证法引向了对话。就这样，关于某种绝对化的辩证法（在黑格尔的意义上的）或者一种怀疑论的–历史主义的世界观被翻译成了对话的伦理维度。这就是我的教授资格论文《柏拉图的辩证伦理学》的主题，我在参加完国家考试之后立即跟随海德格尔撰写了这篇论文。我的国家考试成绩不错，虽然考试委员会在许多问题上睁一只眼闭一只眼——尤其是弗里德兰德尔，他高度评价了我的学术天赋，并且因此坚定地相信我会成为一名古典语文学家。我想我告诉过你那件事情的过程。国家考试来了，在某种程度上，海德格尔和弗里德兰德尔都煞费苦心想让我展露锋芒。但是，我极为狼狈，因为我所知不多，所读亦不多，等等。但是弗里德兰德尔很久以后告诉我说:“噢，您知道，我认为我的任务就是确定，你是否能够成为一位优秀的希腊语教师。在我确定了这一点之后，我就诚实地对其他人说：‘他能够成为一位优秀的教师。’这就是我为什么给你一个‘良好’的成绩。我不能说我已经非常满意，我们不用再提这件事情了。”

多托利： 那海德格尔呢，他是怎么想的？

伽达默尔： 海德格尔对讨论表示满意。他给我的分数是“成绩优异”，最高等级的评价。无论如何，事情的整个过程就是这个样子的。我被允许通过，即使记录秘书、一位文科中学校长啧有烦言，因为我不知道的东西有那么多！他经常说的话是，“这个你应该知道”或者类似的东西。这让人愀然不乐。这些都是他的抱怨之词，而我都接受了。我的那篇论述品达的拉丁文论文非常好，格伦·莫斯特（Glenn Most）现在还想要重新出版它。它被重新发现了，他想无论如何都要出版它，因为它给他留下了深刻的印象。他告诉我说，首先是因为那是一篇优秀的拉丁文文章，其次是因为它是一篇优秀的论文。尽管我对他说：“我再跟您说一次，它不值得出版，但是我没有理由因此而害羞，只是我发现它过时了——从我写完它到现在有七十多年了。”但是，他想以拉丁文和德文对照的形式发表这篇论文，并附上（32）品达的希腊文文本。那些只是教授资格论文的必要条件。在考试之后，弗里德兰德尔和海德格尔一起回家了，那天晚上，弗里德兰德尔对海德格尔说：“我想让他取得任职资格！”[①] 第二天早上我收到了一封信——这件事情我记忆犹新。海德格尔邀请我到他的家中。他的声音嘶哑，略显病态，躺在沙发上，他说，我应该告诉他我想要做什么。于是我告诉了他，他第一次用与人关系亲密的方式和我说话。后来我意会到他想要做什么——他想要指导我取得教授资格。他事先早就想清楚了。他从那托普那里得知，他不久将赴弗莱堡任教。他想，“那是很快就等着我的事情”。而他对我说：“您不必匆忙做决定。我非常乐意指导您取得教授资格。”他鼓励我说：“同时，您要向他们显示您能够做什么。”我博学多才这个事实最初在那些讨论班上显露出来。我对他来说是个得力的助手，无论是在他阅读亚里士多德还是阅读柏拉图的时候，而主要是在阅读柏拉图的时候，因为直到他去世，他都责备我远渡重洋去了美国教书，而不是撰写我关于柏拉图的著作。他后来体会到他没有资格为此而责备我，因为正是通过我，他才体会到，像他那样思考柏拉图和亚里士多德之间的关系是错误的。

多托利：我们还是回到有限性的哲学这个主题上来吧。您的教授资格论文指出，有限性的哲学必须根据这个伦理学的转向来理解，也就是说，您得出把伦

---

① 这句话的意思是，弗里德兰德尔想要指导伽达默尔获得大学教授的资格。——中译注

理学翻译成一种对话的伦理学的原则。是否也存在着这种可能性，即有限性的哲学也会引导我们走出历史相对主义这个死胡同？您有次提到海德格尔时说，他向我们指出，我们正是通过认识我们的有限性才超越了历史主义。那是否意味着一种关于历史性的本体论的可能性，正在于我们的有限性之中？

伽达默尔：是的，而这正是我们和黑格尔进行争论的意义之所在。《黑格尔的辩证法》一书（您自己翻译过这本书）中的论文就是来自于这一点。所有那些论文都形成于我在莱比锡开设讲座课的那段时间。我阅读了大量关于康德、费希特、谢林和黑格尔的文献，尤其是关于黑格尔的。这本书全部形成于那段时间，在我发展出柏拉图的（33）辩证法是一个伦理学的论题这一想法之后。当然，从有限性的哲学的立场来看，我们很有可能再次获得历史意识，而不必沦为历史相对主义的牺牲品，确切地说，是在以下这个意义上，即我们承认所有知识的限度，一切知识正好受到它自己的历史处境的限制。这种承认还赋予我们从我们的历史视角出发看待过去的可能性，我称这种可能性为“视域融合”（Horizontenverschmerlzung）。但是，我们的有限性的意义不会只在这种可能性中耗尽自身。在马堡时，我曾经试图向海德格尔指出的东西，也是后来在里斯本的讲座和其他论文中得到进一步发展的东西是——正如我说过的——我们的有限性或者我们的“被抛状态”（Geworfenheit）的真实意义在于以下事实之中，即我们不仅意识到了我们受到历史的制约，而且我们首先受到他者的制约。正是在我们与他者的伦理关联之中，我们开始清楚了，正义地对待他者的要求或者甚至只是意识到这些要求是何等困难！唯一一条不屈服于我们的有限性的道路是，让我们自己向他者敞开，倾听站在我们面前的“你”（Du）。

（34）

第二章

伦理学还是形而上学

多托利：我现在可以提出第二个问题，以便我们可以结束有限性的哲学这个主题。我们能否说，对于柏拉图的反思允许我们自由地追求一种不同的可能性，亦即继续深入探讨形而上学的问题？您认为，对话的哲学实际上在这个方向上开启了新的可能性吗？

伽达默尔：是的，当然。

多托利：在什么程度上？

伽达默尔：它会扩展到历史中，以及存在之中，也许还会扩展到“存在和价值存在”（Sein und Wert-sein）这个图式之中。在师从哈特曼期间，我学到了我们的确可以在康德那里发现范畴，但是我们也可以发现价值。区别在于，范畴规定了事物本身，而价值只是规定了我们的存在方式。以前我对那一切都不甚了了。现在您必定理解了，您再也不应该像过去那样把存在（Sein）和成为善的（Gut-sein）分离开来。这就是我后来选择这个表达式的原因，这个表达是，“我一般不太乐意说此在（Dasein），而只说‘此’（Da）”。我所使用的这个表达式的意思是，“此”就在那里（das “Da” da ist），而这就必然导致“Da”的进一步具体化。于是，它的意思是，“此”代替了主体。我认为我当时理解了这一点，职是之故，后来在我身上发生的那些事实在我看来是很清楚的。想必您读到过我的著作集第七卷中的那篇论文——《柏拉图和亚里士多德的善的理念》，那篇论文详细描述了关于善的丰富预设，因为我在那里说，“你不能区分它们——你不会拥有存在和善；这二者是不可分离的”。就此而言，一方面，不存在一种关于存在的形而上学，另一方面，不存在一门道德哲学。这二者是不可分离的。

多托利：所以，存在和价值这两个要素都包含在它之中吗？

伽达默尔：正是。这二者在一起意味着，这就是我最有可能让我自己（35）和形而上学保持距离的地方，因为这两个问题应该一起被提出来。只有这时，一门形而上学才是有效的，因为它不应该简单地被取消；相反，它应该被拉回到伦理问题之中。

多托利：所以我们可以说，伦理学绝不只是和“第一科学”相对立的“第二科学”；对亚里士多德来说，第一科学是形而上学，但是，那种形而上学只是在作为伦理问题的内在要素时，才具有合法性。也就是说，单纯的“存在”和这种存在的意义作为“在世界之中存在”或者作为原初的时间性，并不会让我们感兴趣；只有当存在和我们的“此”（Da）处在关联之中时，我们才会对它感兴趣。与其说实际上发展出来这一观点的是海德格尔，不如说是尼采。也就是说，实存作为视角，或者存在于某种视角之中。在他们的思想中，视角就是此在（Dasein）中的“此”（Da）这个要素，这个要素统一了伦理的存在和形而上学的存在。因此，一种关于阐释的哲学——一种解释学哲学——的基本原则就在这个“此”（Da）的视角之中，如果解释学不仅被认为是一种解读文本的方法，而且被当作一种哲学的话，对吗？

伽达默尔：是的。肯定是这样。

多托利：我想，在这一点上，我们可以把歧义纷呈的柏拉图阐释——图宾根学派的阐释和米兰学派的阐释——的问题接过来，这些阐释近来已经相互发生关联。我们应该如何解读柏拉图《理想国》（*Staat*）中关于善的学说？应该把它解读为一种形而上学、一种伦理学，还是一种政治学？

伽达默尔：这的确是一个真正的问题，而在我看来，已经几乎不可能就此给出一个不同于我已经指示的回答的回答，因为我们在《理想国》（*Politeia*）中总体上没有发现那些概念的特征是确定不移的——无论是存在的概念，还是价值或者善的概念。在我看来，确定的东西是，两个概念都总是表示一种彼岸之物。因此，《理想国》中整体上绝对清楚的东西是，太阳是存在的彼岸之物。而当然，太阳是善的不可定义性的一个象征，因为《理想国》的结构是这样的：诸德性是最早讨论和最早定义的，而在做完这些之后，我才第一次准备处理善。但是苏格拉底立即就此做出回应说，“我自己不能这样做”（36）。于是接下来出现了太阳喻，这只是一个隐喻，意思是说，我们不能直接看到善，正如我们不能直接看太阳——即使一切事物都通过善而变成善好的，正如一切东西都通过太阳而被照亮。这一太阳喻是我们关于作为存在的“彼岸之物”的善能够说出的全部东西。

多托利：现在我们把《理想国》和《斐勒布篇》（*Philebus*）联系在一起。您不是认为《理想国》中对善的处理可以和《斐勒布篇》中处理幸福问题的方式联系在一起吗？也就是说，它可以和正确的尺度与正确的中道（Mitte）的概念联系在一起？您不是认为我们可以把正确的尺度概念——快乐的质与量之间、快乐与知识之间的正确关系的概念——和亚里士多德的 *prepon*（合适）、卓越者、义务等概念联系在一起吗？您认为这条道路只是一种走出善的不可定义问题的出路呢，还是，它也许并不是一条可以进一步深入讨论善的问题而不会重新掉进价值本体论的生产性的道路?

伽达默尔: 是的,《斐勒布篇》在那里处理这个问题的方式是如此奇怪。如果我们以完全是解释学的方式进行思考，那么我会说，没有理由为此烦恼。因为实际上，这也正好暗示了某种东西。也就是说，我们再一次发现了不可分离性，再一次暗示理论上重要的东西和善好的东西是不能分离的。

多托利: 当然，另一方面，我们必须说，图宾根学派和米兰学派的阐释走向了完全不同的方向——尤其是约阿希姆·克莱默的阐释。他在《斐勒布篇》中的正确的尺度学说和《政治学》(*Politics*)中的正确的中道学说这二者之中发现了一条原则，这条原则不仅可以认识存在，而且可以认识价值。那么，通过对于柏拉图未成文学说的阐释，他再一次发现有可能从善的视角出发来规定种类。此外，通过把辩证法阐释为*dihairesis*，也就是说，阐释为从最高到最低的种类的分类学说、不可分离的种类的学说，以及通过相反的运动(从最低的类型到最高的类型)，他们发现了抵达作为存在、认识和意愿的最终根据的善的可能性。他们从根本上声称，善的学说是一种本体论，而辩证法是本体论的最终基础(37)，而归根到底，是价值本体论的最终基础。在他们看来，善是最高的种类，也是灵魂的三个部分，以及城邦(*polis*)、国家的三个阶层之和谐原理。也就是说，本体论变成了伦理学，并构成了政治学的基础。《斐勒布篇》中——在这里，善变成了秩序的原理、和谐的原理以及导向幸福的那种正确混合的原理——各种类型的混合在相同的意义上得到了阐释。另一方面，解释学哲学和它对辩证法的阐释指向一个不同的方向。但是，如果正如您说的那样，我们不能把存在和善分离开，那么，它们的区别在哪里呢？对您来说，是否存在着另一种可能性，即让存在与价值的不可分离性极其有益于一种伦理学，而又不重新掉进一种本体论之中？或者，我们必须和图宾根学派的哲学家一起承认，柏拉图的未成文学说实际上把我们带向了关于善的知识，以及因此，辩证法给予了我们这种知识？

伽达默尔：您看，他们把人当神来对待。如果我有可能通过辩证法获得关于作为存在的最终根据的善的知识，那么，我就是上帝了。

多托利：那么，辩证法和本体论之间、存在与善之间的正确关系是什么？在和伦理学与政治学发生关联之时，辩证法的角色是什么？您也会把 *prepon* 和《政治学》中正确的中道联系在一起吗？或者，也许您对它做了不同的阐释？

伽达默尔：是的，当然。我对它做了不同的阐释。我再说一次，这个 *prepon* 实际上是我们在个别的处境具体（*in concreto*）规定的东西。这是关于 *prepon* 唯一恰当的描述。它实际上是某种不能被还原的东西。

任何从它的内容出发而对善进行阐明的做法原则上都是错误的。善不是这种意义上的一个存在者，它不是最高的类——实际上这样就说得十分清楚了。我仍在思考的问题是，他们的阐释如何可能得到辩护。最早出现的是各种德性，其次是通过 *agathon*（善）而赢获一个全新的维度——然而，它并不只是另外一种 *arete*，另外一种德性；相反，它现在对所有人都是共同的东西，是一个全新的视角。

多托利：但它是就什么而言的新视角呢？它不是有助于（38）规定灵魂的三个部分的和谐，并因此而有助于组织一个城邦（*polis*）吗？当然，城邦是大写的灵魂，在城邦里只有与灵魂的各个部分相应的三个阶级、三种社会阶层。在城邦中，我们可以更好地看到一个人是如何让灵魂的三个部分和谐一致的。这种灵魂的和谐可以通过善的理念向我们揭示出来，以至于在这种理念的照耀下，我们不仅知道我们必须如何教育我们的灵魂，而且也认识到我们应该如何统治我们的城邦。这就是关于善的理念的观点，善的理念是 *politeia* 的原理，因此也是政治的原理。

伽达默尔：这对我来说实在是太费解了。我的意思是，相信人这种存在者像神一样，这是一种愚蠢的行为。然而，这是深深凿印在文本和克莱默的思想之中的预设，它们是完全错误的。在我看来，无论柏拉图还是亚里士多德都不会那样想。

多托利: 我很想知道您拿出来的与之抗衡的阐释。为什么这种关于善(*agathon*)的看法会出现在这个段落里?即使它说善是 *epeikeina tes ousias*(高于实体的东西),它对于《理想国》仍然是决定性的。

伽达默尔:《理想国》其实是在描述教育的全部阶段。《理想国》实际上并不是在讨论以下这种观念,即,人们最终将会认识一切,完全正确地做一切事情。书中所描述的国家是这样的国家,这个国家通往的目标是,一个僭主并不必然会成为僭主,相反,他使自己无限接近地成为一个正义的公民。它实际上是对于雅典城邦和腐败的雅典民主的拒绝。柏拉图的思想–对话实际上只是讨论的对象。《第七封信》并没有完全否定在这些对话后面躲藏着某种学说——甚至是一个人可以写下的学说——这种观念。从长远的时间尺度看,除非他们背弃第七封信,否则,图宾根学派绝不会获得普遍的承认。[①] 我要拿起一切武器来捍卫《第七封信》。那也不可能是那些对话以对话的形式出现的原因。许多对话都向我们指出了这一点,而并非只有《第七封信》指出了这一点。我也看到,所有这些对话实际上都怎样在——像它们过去那样——诱惑我们走向同一种思考(Selber-denken)。那些生活在对于真理的直观之中的形而上学家的处境绝不是人的处境——压

① 大概是因为他们过于糟糕地误释了它。——中译注

根儿就没有这样的处境。这种情况也适用于 *nous*（努斯），神圣的思考。我认为，（对于亚里士多德而言）非常重要的（39）是在（《尼各马可伦理学》中）探讨 *phronesis* 的章节里强调了这一点；这一章在今天极其具有现实意义。因为它指出了，*phronesis* 自然地沉思 *nous*，而 *nous* 既保证了个别，又保证了普遍。

多托利：那么，当然，问题是："特殊和普遍是紧密联系在一起的吗？"

伽达默尔：是的。我认为《尼各马可伦理学》极为明确地阐述了这一点：*nous*（努斯）同时是这二者，既是最高等的也是最低等的。正如我经常反复重申的那样，似乎 *phronesis*（实践智慧）只意味着对手段进行研究，通过这些手段，人就是要去实现德性的理想或者做有德性的人。但是，有一点很清楚，即关于手段的知识不可能无视关于每个行动的最终目的的知识。这一切是出于一个特殊的理由而做出的，而我们总是赋予这一理由以优先性。也就是说，每一个伦理行动的意义从来不是特定的东西、从来不是特定的行为，一个 *ergon*（行为）；相反，它是纯粹的和明确的 *eu prattein*（做得好），好的行动。每一个对于手段的研究，因此就必须包括这一点，因为研究自身就是一种朝向某个目的的行动。在这个意义上，这种研究同时是 *logos*（思）和 *ergon*（行）。

多托利：是不是专心研究 *nous* 就意味着人们同时

在从事形而上学、伦理学和政治学？

伽达默尔：是的，它意味着所有这一切。

多托利：理论（*theoria*）在希腊语的意义上——观看普遍，亦即参与 *nous* 之中和通过 *phronesis* 追求它，也就是 *praxis*（实践）吗？

伽达默尔：是的，理论是最高形式的 *praxis*（实践）。这是一个令人惊艳、极其可爱的想法。尽管如此，所有这一切在我看来如此陌生，因为我完全生活在一种确信中，确信这种形而上学的意义是非常神奇的。这也就是我不得不再次深入研究《论灵魂》（*De anima*）的原因，我早先曾经非常细致地研究它。

多托利：图宾根学派还持有一种观点说，我们不应该从对话开始。但我的观点是，对话是在对话背后有一种统一的理论的证据。它们是一种暗示，暗示人们能够重新构造的（柏拉图的）未成文学说（40）是一种真实的学说。当然，在这个意义上，他们也是从《第七封信》开始的。尽管和您不同，他们认为这一学说从来没有书写下来，但是他们的确得出结论说，有这样一种学说——尽管是一种秘传的学说。

伽达默尔：是的。尽管如此，《第七封信》坚定不移地强调，绝不可能有那样一种秘传的理论；相反，在一切情况下，它都像一束火花突然照亮我们。

多托利：这种学说没有固定在成文的著述之中，但是它作为理论存在于这个玄奥的圈子里，它可以在这些圈子里进行口头交流。

伽达默尔：不是的。这种说法和《第七封信》完全是矛盾的。它在那里所说的东西是，我们只能借助于在人们之间突然出现的火花，突如其来地在对话中获得洞见，这些人被善良意志驱迫着达到一种共识。

多托利：所以，正如我们在《理想国》中被告知的那样，我们将会通过照亮我们的火花，最终获得对于善的直观（Anschauung des Guten）。但是如果我们假定知道如何把它翻译成实践（*praxis*），那它不会反过来关系到 *phronesis* 吗？

伽达默尔：*nous* 和这二者实际上是同一个东西。《尼各马可伦理学》的这一章很好地指出普遍如何——这和具体如出一辙——总是 *nous*。在我看来，这在根本上和任何一种理论都是格格不入的，无论它是一种学说，还是一种形而上学。当然，有一个 *nous*，但是这并不必然意味着可以从它之中推论出一种实存；它是必须总是和我们的思维一起在那里存在的东西，总是把我们引向对话的东西。

多托利：因此，它也总是和 *agathon*、和善在一起吗？

伽达默尔：是的，*agathon* 也是这种类型的最终目的。它是对那种永远也不可能完全达到的东西的表述。我认为，它正是可以证成解释学的东西。实际上，我们总把它看作是对于一个人认为他已经知道的东西的超越。我很乐意承认，亚里士多德也提供了一点类似的东西——就好像有一个“此”（Da）；但是，他总是批评它。

多托利：亚里士多德批评善的理念，但他的确是那样做的，就好像这个 *nous* 在那里存在着。它必定是 *energeia*（现实）、*energeia* 的最高形式，即最高的现实性。它也被认为是 *entelecheia*（隐德来希），它的意思是，（41）其目的在自身之中的行动。这种 *entelecheia* 也是神圣者的表达吗？

伽达默尔：当然，神圣者是 *entelecheia*，但神圣者是否实存这个问题，我们在这里不予讨论。无论如何，对人来说，它是彼岸之物。

多托利：也就是说，柏拉图的 *agathon* 是同一个东西，是存在的“彼岸之物”了？

伽达默尔：是的，是的。我发现这一切都是完全一致的。这就是我为什么会说我们必须抛弃存在与善之间的对立的原因。我只是想说，善是超越（Transzendenz）或者彼岸之物（beyond）。没有人能说它是或不是，它是存在，还是它是对于存在的超越。这个问题是在完全不同的基础上提出来的，这个层面完全不同于我们的经验领域的层面，我们能够在后一个层面上证明实存。这正是超越的问题，而它意味着我们的经验世界在善的理念中被超越了。但是它也意味着我们的世界以善为方向，逐渐在它之中达到完满，我们却不能思考和证明，我们是如何使它与我们的经验对象发生关联的。

多托利：用您的话来说，那是真正的超越，就此而言，它和有限的世界性的东西（就像海德格尔理解的那样）联系在一起，而对于这种超越来说，我们的理解的有限性直接使得对于我们的经验的超越必不可少。

伽达默尔：是的，当然。

多托利：如果，正如柏拉图声称的那样，我们只有通过突然照亮我们的这种善才能把握善的理念，那么，一个重大的问题就浮出水面了：如果我们面临 *praxis*（实践）的问题，而且试图把这种照亮实施于实践之中，那么，这一火花如何能够为我们的行为提供肯定性的洞见？我们的行为能否因此而真正接受善的理念的指导？

伽达默尔：我们知道，在柏拉图那里，善是存在的最高的满足和完成。如果我们在我们的行动中奋力趋向这种存在的满足，就像《理想国》第九卷（42）建议我们所做的那样，而且我们能够体验到这种满足，那么，我们就会知道我们已经依照这一火花而行动。但它看起来好像是，我们只是在事后才知道，这种生活的满足来自于我们根据这种对于善的看法而行动。同时，我们认为我们在根据我们的 *phronesis* 而行动，我们认为我们通过我们的理性发展了我们的实践知识。

最终，我们被这种满足的情感攫夺住了。然而，只有到后来我们才意识到，我们已经根据善而行动。事实上，我们既可以这样说美，也可以这样说善。所以，我马上就有新的事情要去做了，因为我们有《会饮篇》（*Symposion/Symposium*）和狄奥提玛（Diotima）的发言。“你肯定不能理解这一点，”她对苏格拉底说，“现在我来引领你。”这就是图宾根的学说——“你肯定不能理解这一点”。（伽达默尔笑中带刺。）这也就是说，它关涉的不是一个可以被理解的学说的问题。它关涉的也不是一个像上帝的超越那样的善的超越的问题。……不，那实际上是一种通过回到古代而被重新阐释的、隐蔽的基督教。

多托利：也许它不仅是一种隐蔽的基督教，而且是——尤其是在克莱默那里——一种托马斯主义的本体论被往前投射到柏拉图之中。

伽达默尔：是的，肯定是这样。

多托利：您会遵从尼采的阐释吗？根据这种阐释，基督教不过是一种大众化了的柏拉图主义。

伽达默尔：不，不会。就像我刚才谈论基督教，我真正想说的只是，它是“一种神学的基督教”。这种处境在神学中以完全一样的方式被重复无数次了——一种当代的神学被投射回古代之中。真正的基督教完全不同于神学的基督教。我认为基督教是一种真正的信仰和生命实践（Lebenspraxis）。无论它，例如像我们在俄国看到的，经历了什么，这种基督教都能够保持它自身。但是这种基督教和神学的基督教是两回事。

多托利：生命实践（Lebenspraxis）的话语不是指点我们去寻找在宗教、伦理和政治之间的一种更加密切的关联吗？——但不是在作为基督教历史的我们的欧洲史的意义上，也许是在您也认定的（43）真正的意义上。根据这种意义，我们对他人的敞开和向他人献身，不仅使得对我们自己的有限性的感觉成为必要，而且使得和宗教狂热极为相似的满足成为必要（在希腊人“在神之中存在”的意义上）。

伽达默尔：是的。我的确相信这一点。但是有限性的问题远比大家认为的强大有力得多。我实在是不能理解图宾根学派试图想做什么。希腊人带着充分的自觉思考诸神——他们把诸神设想为他者。他们实在无法设想某种神性中的统一（eine Einigung in der Gottheit）。有许多这种类型的暗示，但是总体上……（伽达默尔满腹狐疑地摇了摇头）……我认为，在下一个五十年——在欧洲文明仍然存在的情况下——我们当中希望理解这一点的人，应该试图弄懂灵知主义问题的意义或新柏拉图主义的意义。我认为，也许可以断定，是普罗提诺从整体上思考了对于与存在的统一的感觉。

我永远不会和图宾根学派成为心心相印的知交，因为我认为很清楚，他们提出的问题纯粹只是为了讨论起见而提出来的一个亚里士多德式的问题。这一学说在我看来无足称焉，但是我很有把握，他们的问题是可以得到理解的。

(44)

第三章

功利主义、实用主义和多元主义（卡洛杰罗、罗蒂和波普尔）

多托利：我们已经澄清超越的意义以及人的有限性所属的宗教维度，在您已经提出希腊的宗教性和基督教的宗教性之间的区别之后，我们现在可以再次回到善的问题，再次追问从伦理和政治的立场来看，人的有限性是如何与善的问题联系在一起的。难道您不认为柏拉图本人把善看作一种关于伦理的和政治的生命的真正原则吗？就他发动对于智者——智者们想要赢获作为生活实践的最高原则的善，并且把它当作纯粹有用的东西来捍卫——的论战而言，难道柏拉图不是拥有一套关于公共生活的更好的标准吗？也就是说，难道《理想国》不是讨论了柏拉图向我们指出的如下观点吗？即政治生活不仅事关根据效用（Nutzen）来做事，而且更是事关遵照善或者达到善而做事。针对智者发动的持续不断的论战不是正好可以让我们注意到，柏拉图想要从善的理念中引申出政治生活的积极标准吗？

伽达默尔：您刚才那段话再次让我感觉有些滑稽。我们应该从《理想国》中期待什么呢？得出一个理想城邦的蓝图，但是关于这个城邦，我们可以毫不含糊地说，不可能存在这样的城邦，它也不可能被实现——我们对此毋庸置疑。例如，如果我们谈到教育，它就会说，所有超过八岁的人都应该被赶出城邦，因为他再也不能接受教育了。我们怎么可能建立起一个以所有人都应该在八岁以下为条件的城邦？所以，我们处理的，不是为真正建立一个城邦或者真实的公民行政机关而做的计划，而是相反，如我所说，我们处理的是通过提出一个完全相反的例子而对雅典民主制（45）（它再也不能通过民主制进行统治了）所作的间接批判，正如乔纳森·斯威夫特讽刺的那样。

我们应该把这个提到过的原则看作一个完全相反的例子，根据这个原则，父母亲不应该认识他们的子女，而城邦是唯一的一个家庭，这就意味着这个家庭中的孩子把所有的护国者当作他们的父亲。它绝对不应该被理解为生活实践（Lebenspraxis）的真正原则；相反，它只是想要让雅典的家庭理解，如果他们坚持想要提名他们自己的孩子担任城邦的领导人，他们的城邦就有可能走向毁灭。所有这一切暗示了，我们在这里处理的绝不是任何真正的国家学说，或任何真实的政治生活的真正原则，而且更不是在处理这样一种国家学说，这种国家学说或真正的原则是从一个最高的原则中（从善之中）演绎出来的，而毋宁是以这样的方式，即哲学家能够由于他认识到这个最高的原则而把建立一个城邦的原则玩弄于股掌之间。《第七封信》明确地告诉我们，柏拉图从来没有写下这样一种学说，或者认为这种学说是可能的。但是他们认为这封信给他们带来不便，所以他们后来开始说，《第七封信》不可能是真的。

多托利：所以，正如你在《柏拉图〈第七封信〉中的辩证法与诡辩》一文中写到的，我们不能把哲学家和智者区分开来？

伽达默尔：当然，我们不能把他和智者区别开来，我们也不可能把自己和他区分开来，除非我们就是一个他者。

多托利：一个人怎样才是一个他者？

伽达默尔：只能通过这种方式，我们不会认为我们认识我们不认识的东西。苏格拉底的无知的原则或者“自知无知”的原则是具有决定意义的东西，如果它得到真正的理解并被真正付诸实践的话。与全部诡辩相对立，苏格拉底总是坚持强调，对于正义和不正义的认识以及最终对于善的认识，不可能是任何特殊技艺（*techne*）的对象，也就是说，不是任何一种特殊的认识的对象，后面这种认识会在关于人们根据它们可以生产出某物的规则的知识中穷尽自身（不像任何其他类型的认识)。相反，实践的知识，也就是说，关于什么是正义和不正义的认识，是一种不同类型的认识。根据苏格拉底，(46)这种知识首先呈现为某种形式的无知，以及毋宁说，灵魂对于正义和不正义的永不疲倦的追寻。它首先应该被看作是对那些把正义的技艺当作国家效用的最高形式来教导的人的一种抵抗。

多托利：在与纯粹的不知的关联中，我们发现不了一种更肯定的标准，这个标准说，哲学家在寻求对话，尝试同他人一起参与对话并且通过对话而理解和尊重他们，而智者只是想要说服别人相信他自己头脑中的东西和他本人想要的东西，是吗?

伽达默尔：这种区分在我看来太肤浅了。毕竟，一个试图说服别人的人并不试图强迫他人，而只是为了和他人一起达成共识。

多托利：那么，我们来考察一下柏拉图在《泰阿泰德篇》中反对普罗塔戈拉时提出的那些更高贵的批评，当时他把普罗塔戈拉的自我辩护借苏格拉底之口说出。在这里，普罗塔戈拉本人解释说，他从来不试图说服他人什么是真的，什么是假的，因为实际上没有人成功地这样做过，也没有人能够这样做。在一场讨论中，没有人会承认，他想要虚假的东西，或者说他是不正义的。但那不是一场讨论中关键之所在。相反，普罗塔戈拉只是想要说服别人什么是更好的，并因此而说服城邦中的人相信对他们来说什么是更好的宪法，什么是更好的国家形式，以及如何更好地决定对于城邦来说什么是更有用的。这就是为什么他既不想讨论善本身（die Güte an sich），也不想说服任何人相信这种善本身。他想要说服别人相信的是对城邦而言什么是更好的，或者什么是与低级的国家相对立的高级的国家形式。这种更好的形式也是对于城邦而言更有利的并且更有用的形式。但是一个为了城邦的利益而教导这一点的人，是一个正确的教师和教育家，这就是城邦或者它的公民必须向他支付报酬之原因，因为他传授的是某种更加有用的东西。我们可以把《泰阿泰德篇》中普罗塔戈拉的这段自我辩护——柏拉图甚至借苏格拉底之口将它说出——看作是实用主义立场在历史上的第一次详尽阐述。今天，理查德·罗蒂再一次接受并且捍卫了这一立场。政治无关乎善本身的问题，而只是关乎更好，因此，它只是关乎（47）改善制度和秩序的形式的过程以及就这些问题做出正确决定的过程。那么，普罗塔戈拉言之有理吗？——就像罗蒂认为的那样。

伽达默尔：事情变成今天这个样子，也许就是个实例，即使人们不曾把它明确地表述出来，但是把这种改善过程归功于神职人员的倾向非常明显。这就是为什么我能够对罗蒂的思想了如指掌。他实际上说的是，这不可能是柏拉图想要说的意思。

多托利：不，罗蒂并不想把他自己和这种立场区分开来——他只是想说，就普罗塔戈拉在《泰阿泰德篇》中这个特别的发言来说，他是对的。他认为，政治——也就是说，城邦（*polis*）中的生活实践——恰切地说无关乎真理或善本身。毕竟，在他的自我辩护中（正如苏格拉底表达的那样），普罗塔戈拉经常重复说，一个人不能说服别人相信什么是真的或者假的，而只能够说服别人什么是对他更有用的或者就他而言是更好的。因此，一个人只能教会一个城邦更加有利的法律或者更好的生活方式，一个人只可以劝说他的城邦中的人相信什么是更好的——永远是更好的（das Bessere），而绝无可能是善好的（das Gute）。

伽达默尔：是的，善……我认为，柏拉图根本上想要说的是，如果没有关于善好（des Guten）的知识，或者如果我们不睁大我们的眼睛盯着善好，我们就不可能有任何关于更好（des Besseren）的认识。反对智者的论战只有一个意义：为了指出他们不可能有真正的关于更好的认识，因为他们把他们的立足点建立在对于有用的东西的认识的基础之上，而有用的东西似乎恰好是对于城邦的直接利用。事情这样发生，只是因为他们没有正确地理解善，相反，构成对国家的真正有用之物的基础的、符合国家普遍利益的，是善。

多托利：如果我们现在再次回过头来看看普罗塔戈拉和罗蒂，那么，我们就能够从这里得出结论说，我们不能劝说任何人相信什么是善本身，而只能让他们相信什么对他而言是更好的，对吗？于是，我们就再也不能劝说别人相信什么是真的了。正因为这样，罗蒂认为，如果哲学只是追问真理的话，那么，哲学在政治中无话可说,因为在政治中,人们只能追问（48）更好的东西，而不会关心真理和善本身。毕竟，谁能够获得关于真理和善本身的知识呢？

伽达默尔： 我也许能够在以下这一点上赞同他，即在我们寻求善的时候，我们至多期望得到更好，而永远不会是善本身。然而，……如果不试图寻求善本身或者至少将它存念在心，我们永远也不会找到或者发现对我们而言更好的东西，这一点也是真的。

多托利： 但是，与善的这种关联不是也必须处理真理吗？当然，困难就在这里。

伽达默尔： 当然。我的确理解这就是困难之所在。正因为如此，我才说，困难不在于我们不认识真理，或者政治家不认识真理，或者他不需要认识真理。在这里罗蒂是正确的：任何一个参与政治的人都不会简单地想要真理或者善，说他以实用为目的而调整自己行动和行为的方向，这毫无疑问是正确的。我们不能简单地抛弃好的政治家能够或者应该理解的东西，或者抛弃他个人能够在实践处境中体会到的东西。与此相反，我们要看到，政治家的这种有先见之明的洞见常常是生活实践（Lebenspraxis）中具有决定性的东西——这一点和商人如出一辙。我可以为您举海因茨·格茨博士的例子，他在战后立即洞察到海德堡由于缺乏首创精神将会发生什么。那个时候，海德堡还什么都没有发生，他理解对于首创精神的需要，并且立即抓住了它。他孤注一掷，创办了斯普林格出版社（Springer-Verlag），一个现在已经具有世界范围的重要性的大企业。这一切当然令人佩服，而我要说的是，我们发现其中也有*phronesis*。如果我们现在回到罗蒂身上，那么，我们看到，他为这种实践的或者说实用的明智做了极好的辩护。但是，如果在做这一点时，他仅限于为它辩护，而没有把它追溯到与善的关联上来，那么，他就不能认识到更好的（das Bessere）与善好的（das Gute）到底是什么关系。也就是说，更好实际上是什么。我们真的必须认识到，更好实际上只能是与一个终极目的相关的更好。

多托利：这也就是下列事实的原因吗？即对他来说，哲学（49）和政治没有任何关系，反之，政治也和哲学没有任何关系。

伽达默尔：是的，正是这样。

多托利：与此相反，您认为哲学和政治之间一定有某种关系，是吗？

伽达默尔：是的，我的确认为，我们所有人都以某种方式从事着政治。鉴于我们根本上生活在一个社会、一个国家之中，我们忍不住要从事政治——我们必须向自己承认这一点。这也就是为什么我们也必须关注他者的权利。

多托利: 在何种意义上我们必须向自己承认我们在从事政治?

伽达默尔: 在我们认识到我们的行动总是一个以目的为指向的意义上。如果一个人想要达到一个目的,那么他或她一定也会劝说别人相信它,并赢得他们的一致同意。无论如何,我们必须弄清楚,我们想要说服他人,是因为我们认为它是善好的,还是我们单纯地想要说服他人,只是因为它符合我们的目的,而甚至不必问这是否是善好的。我想要指出的是,无论我们是否能够回答它,我们都应该总是从提出 *agathon*、善好的问题这个想法开始。问题总会是:它纯粹是一个"什么是更好的"的问题,还是它实际上关乎在每一个特殊目的之外的东西是什么。

多托利: 我们在这里再一次遇上了一个问题:如何把善好与更好联系起来,或者,反过来,如何把更好与善好联系起来?在我看来,正因如此,在哲学与政治之间一定有某种关系。而在这里,我们再一次触及那个最大的困难:谁能够知道什么是善本身(die Güte an sich)?

伽达默尔: 是的,的确如此。在这里,我又一次和罗蒂达成一致。我承认,在我寻求善好之时,也许我们充其量只能发现更好。我认为,我们只能以苏格拉底在《会饮篇》中谈论善好的方式认识善好——换言之，善就是美。狄奥提玛说，苏格拉底不会理解这一点，因为在认识美之时，他会在美面前张口结舌，无话可说。他不想听见任何别的东西，因为他所看见的东西对他来说绰绰有余。这就是在美之中发生的东西（50）——善在显示于美之中时把自身相对化了。

多托利：这就意味着它以感性的（aesthetisch）方式显现了，是吗？

伽达默尔：我们可以以感性的方式来描述它。但是，当然，它不会止于此。那是一种可能性，一种方式：它显示自身以及向我们显现的一种方式。

多托利：这就是它在《斐勒布篇》结尾或者说《理想国》的结论部分，以及《第七封信》中向我们显现的理由，是吗？

伽达默尔：当然，而且，在我看来，它有一种内在的连续性与必然性。如果柏拉图认为他能够证明一切东西，那么，我们最终可以追问，柏拉图本人是否最终没有败给他自己的证明的压力。这也就是他没有让我感到满意的地方。我们在亚里士多德的运动的终极原理中也看到了同样的东西，这个原理转变成了最初的不动的动者的观念。

多托利：那么，我们是否可以说，就柏拉图和亚里士多德想要把一切事物都追溯到一个终极目的而言，无论这个终极目的是柏拉图的善的理念，还是亚里士多德的作为隐德来希（终极目的）的不动的动者，这恰恰是他们俩能够达成一致的地方？

伽达默尔：您看，这个最初的推动者的观念正是亚里士多德不能让我信服的地方。在这里，他直接把一个在我看来并不适合这个地方的观念引入支持性的论证之中。

多托利：您指的是最初的推动者的观念，这个推动者实际上应该保持不动，但却成为运动或者自我运动的原理，是吗？

伽达默尔：我发现，向最初的推动者这个概念的过渡——它是在《形而上学》第十二卷中提出来的——是软弱无力的。起初，亚里士多德在这里处理的是类比的意义问题，然后突然，引入了一个最初的推动者或者说无条件的推动者的观念。我一直觉得他在这里引入这个概念的方式实在是匪夷所思。也就是说，在这里，我们看到的论述类比的导入性章节来源于学园派思想的成果，然后，突然就来了一个跳跃，是的，跃进了一个他无法摆脱的概念之中，（51）我也许只能把这个概念理解为原初的生物的概念。

多托利：在这种情况下，我们是否可以说，这种作为原初的自我运动—— *autokinoun*——的生物的概念和柏拉图《理想国》中善的概念是一模一样的？

伽达默尔：肯定可以这么说。也正是因为这样，我认为柏拉图和亚里士多德并非相距辽远、判若云泥。在我看来，甚至亚里士多德建立他的天文学的体系的方式，也不过是把他自己放置在普遍物或者可证明之物的对立面这种方式的精炼化而已。正如他们所说的，证明一切东西的意志是有两面性的。

多托利：我们在这里触及另一个非常重要的问题，亦即，修辞学和解释学的关系问题。如何可以从解释学的立场出发把握在对话中发生的和你（Du）之间的关联？是否可能说服他者相信真理，或者，我们是否只能说服他者相信“只对我是真实的东西”，也就是说，“我的真理”，就好像他者只能被说服相信“他的真理”？或者，我们是否不应该说我能说服他者，而是我必须同时预设他也能说服我相信他持以为真的东西？或者，我和你（Ich-und-Du）的关系可以以完全不同的方式来把握，也就是说，是否存在着一种客观的标准，我们能够依据这种标准决定真和假？

伽达默尔：我总是在想象类似的情况，即在一场对话之中，人们逐渐理解了，在这样一个瞬间我所思考的东西或者他人所思考的东西完全是相对的。在这个时刻，一束火花突然悬置了（aufheben）误解，使得明确接受在那一时刻变得可见的东西成为可能。毕竟，在我看来，差异（Unterschied）实际上和一套先入为主的规则根本不相关。因为，显而易见的是，我们人总是只具有有限的视域。总体上，我觉得，在独断论者看来实用主义是非常健康的，但是，我实在不能相信，有了这种类型的实用主义，我们就可以放弃以下事实，即一个人把某些事情看得比其他事情更加重要得多。我对罗蒂略有所知……这是肯定的——如果我们想要采取一些措施，那么，罗蒂也会顺利地到达那里，但是，如果它产生了那样的后果，我就再也不能洞察它了。无论如何，我认为在上帝与人之间的差异是一种绝对的（52）差异，因此，我们必须承认这一差异，而绝不可能抵达那种只能是神圣标准的绝对的真理标准。

多托利：既然走到这一步了，我们应该指出，和作为超越的绝对之间的这种差异与这种关联，对罗蒂来说没有发生任何作用。这对意大利的吉多·卡洛杰罗来说也是成立的。对他而言，问题在于他俗教会修士的立场（seinem laizistische Position）——在于他用来反对神职人员的论证，这一点您已经提过，而不在于他用来反对基督教本身的论证。很多年前，在 20 世纪 50 年代，卡洛杰罗想在意大利文化和政治之中强有力地提出对话的问题。他是这样阐述这个问题的：如果我开始与某人进行对话——如果这意味着一场真正的对话——那么，我就必须预设对方有可能是正确的。因此，我必须把我自己的确信放进括号之中。这就是他的对话理论的基础，而他是在他那本风靡一时的《逻辑与辩证法》（*Logo e dialogo*）中奠定这个基础的。我们不是在我们所确信的东西的真理性或者我们的伦理原则的真理性的基础之上进入对话，而是在我们纯粹的对话意愿的基础上，也就是说，在尊重和承认对方的基础上进入对话的。在这里，不再有任何与超越的关系——它不再起任何作用。这也适用于你吗？

伽达默尔：不，我极其不满意于这一点。因为通过以这种方式提出它，他避免了是否“一个人是对的，而对方是相反的”之问题。实际上，我不是这样看的。我也发现，说智者不是智者，是因为他不断地为他的论题找到新的论证，这确实是正确的。但肯定不是这样的。也许我们可以通过一个例子来表达这一点。在一个特殊的场合，实际上我会问我自己：“我做了正确的事情吗”（我会在事实之后确定这一点），或者“我没有做正确的事情吗”。在每一种场合我所做的事情都是真实的——这一切都以同样的方式发生。但是，这不仅是一个赤裸的真理的问题——无论我是做了这件事还是那件事——这还是一个我对这个行动做出解释的方式问题。也就是说，我是否在某种正义的事情的意义上做了一件正确的事情，我能对我自己和他者证明其正当性的事情。当然，我们总是试图要么以第一种方式，要么以第二种方式给出一个回答，但是，随后我们就会意识到，这不是一个纯粹的真理（53）的问题，而是我们能否证明我们的行动的正当性并为之负责任的问题。这就是普罗塔戈拉在他的论证中试图区别的东西——它并非纯粹的真理的问题，而关涉它是不是更好的东西的问题。所以，它实际上是一个正义的东西和不正义的东西的问题。说一个人不能仅仅通过言谈而把智者和哲学家区分开来是正确的。但是差别正在于，它不仅仅关乎言谈的真理性！

多托利： 您的意思是说，在智者的情况中和在哲学家的情况中，我们总是通过我们的言辞寻求某种不同的东西，是吗？

伽达默尔： 怎么？

多托利： 智者只是试图说服对方相信对他来说更好的东西，而哲学家只是寻求真理，对吗？

伽达默尔： 是的，当然。我终于明白您是什么意思了。但是，我仍然试图坚持这种区别，我要说，很明显，总是有各种限制——我们从来都不是神祇。但是，尽管如此，不管人们是否会说（因为我自己的知识永远不可能是完全确定的）他和智者所做的是同一回事，但是，他们之间的确有区别。一方面，智者使事情非常适合于他自己特殊的目的。这就是为什么实际上我不相信那是一个很强的立场——尽管我乐于承认对他进行批判有很高的价值。另一方面，有人想象他们自己拥有现实的绝对真理、通过非批判的选择而为人所接受的真理，与此相反，另一些人仍然偏爱那些坚持一种批判的－实用主义的立场的人。无论如何，我要说，正确的回答是，即使怀有实用的意图，我们也不可能从根本上把智者和哲学家区分开来。的确，区别，或者说区分，不是一个定义的事情。很可能，我们作为纯粹的观察者有可能区分开正确的事情和错误的事情。但是，实际上，我们做对了什么或者我们做错了什么的问题，是真正和我们相关的。正如柏拉图在您所引用的那个段落中让普罗塔戈拉表达的那样，苏格拉底本人在这件事情上应该坚持的基本原则是，与他人交谈之时不做不正义的事情（*keine adikia*）。然而，一个人在提问和回答或者拒绝的过程中，只是想要言之成理和大获全胜（54）而毫不顾及对方的理由之时，他才真正会做不正义的事情。

多托利：我们现在还是回到卡洛杰罗和他的立场吧。我们也可以把他的立场描述为一种多元主义的立场或者一种具有最高的对话开放性的立场。他说，我们处在与他者的连续不断的对话之中，或者我们生活在对话之中……

伽达默尔：是的，我们不断地生活在对话之中，甚至可以说，我们就是一场活生生的对话……

多托利：如果我们现在坚持这种对他者的完全开放的立场，那么，我们也就准备好了在他认为是正确的事情上被他说服，就好像我们想要说服他相信我们认为正确的东西。如果我们坚持这种立场，那么，在什么是对什么是错，或者更恰当地说，什么是正义的和什么是不正义的这方面，我们一切可能的立场不是都具有同样的重要性或同样的有效性了吗？

伽达默尔：我根本不会那样说。如果我声称我自己乐于进入与他者之间的对话，那么，很可能，我不会持与对方相同的观点，或者说，我意指的东西不同于他者所思考的东西。的确，在大多数情况下，事情就是以这样的方式发生的，我想要不同于他的东西，我以不同于他的方式思考。说服他人的欲望自身并不是放弃真理。毋宁说，如果我认为某些东西是真的，那么，我试图说服他者相信它——但这样做的前提条件是，我的确认为某些东西是真的。因此，完全否认这一点的智者丢失的那个基础，正是对话的真实基础。

多托利：那么，“进入对话”并不意味着放弃我的意见的真理主张（Wahrheitsanspruch）或者任何一种真理主张，就像卡洛杰罗认为的那样，或者就像支持最高程度的开放性的一种当代多元主义观点认为的那样。

伽达默尔：不，绝非如此。与此相反，它预设了这种真理主张，无论它是我的真理还是他的真理。因为如果我也承认他者能够说服我，那么，他应该劝说我相信的东西如果不是真理，又是什么呢？当然，我非常重视卡洛杰罗的多元主义立场，正如我欣赏他早期论述古代哲学的论文，（55）尤其是论述爱利亚派的那些论文。我这里有他的那些论著（伽达默尔指了指墙上的书柜）。我个人也非常熟悉他。遗憾的是，我没能把他弄到海德堡来。我经常邀请他——甚至代表黑格尔协会，为了说服他，我还给他写过私人信件，但是他总是拒绝。

现在，多元主义的立场不仅是普罗塔戈拉的立场，您提到过这种立场和罗蒂的新实用主义之间的联系。但是在我看来，这种多元主义的立场，正如卡洛杰罗阐述的立场，导向了一种悬搁（*epoche*），一种胡塞尔式的中止判断，而我认为这是站不住脚的。首先，它放弃了对话的基本预设，也就是说，真理主张的基本预设；其次，就像胡塞尔的悬搁，它放弃了任何一种历史的视域。于是，他在某种程度上就变成了从实在论和历史的角度看无法理解和无法立足的东西。我们所有人都是被历史决定的，而我们的效果历史的意识包含我们所有人都奋力趋向的那种真理主张（我曾经把它命名为“完满的预期”），即使我们永远不能达到它。

多托利：但是还有另外一种类型的智者，他们看起来完全不同于柏拉图在《泰阿泰德篇》中描述的普罗塔戈拉，他们也不类似于罗蒂的实用主义立场。他们是柏拉图念念不忘并且总是让苏格拉底和他们进行论战的另外的智者。他们是平庸的智者，他们只是把对话当作他们展现技艺的舞台，把交谈当作他们攫夺权力的手段。他们唯一的目的就是强求一致，或者通过欺骗说服他人。和多元主义的立场相反，他们提出赤裸裸的功利主义立场。任何操弄作为说服力量的言谈力量的人，都能为了自己的目的而使用这种力量。

此外，任何从这里发展出一种技艺并且将这种技艺化为己有的人，都能为了大量的金钱而出售这种技艺，尤其是把它出售给纨绔子弟和权贵子弟，后者因此而学会了强迫社会达到一致同意，以及因此使他们自己的目的被纳入城邦之中。这是后期的诡辩，柏拉图在《理想国》一开始就以色拉叙马霍斯（Trasymachos）的形象描绘了这种诡辩，根据他的看法，正义只不过是强者的利益而已。在这种主要是（56）由智者传播开来的言谈的技艺之中、这种修辞学之中不是有一种真正的危险吗？另一方面，您似乎把这种技艺高度评价为真正的交流的一个必要前提，甚至是意识形态的批判的必要前提。

伽达默尔：现在，在这种情况中，我要说的是，我们实际上看到了不同的东西。显而易见，我对修辞学也做了大量的思考。我们可以从两个方面考察修辞学。一方面，我们可以从你刚才阐述的否定的视角来考察它，把它看作能够证明一切东西及其对立面的技艺，也就是说，把它看作一种说服的技艺的练习，而同时对真理问题或者正义问题保持缄默。当然，我们也可以发展出一个更加宽泛的修辞学的概念——这个概念认为，我们也能说服别人什么是真的，但是却不能证明它。例如，在高尔吉亚（在这个语境中总是引用这个人，而您也提到过他）教导我们如何说服某人既相信一个论题，又相信它的反题之时，他并不是想要指出这些论题都是可以证明的，而是说他指出了，说服的力量存在于纯粹的证明之外的某种东西之中。我们可以从这里得出结论说，这种说服的技艺是一种有别于证明的技艺的东西，但我们首先要看到的是，一个人也能够说服某人什么是真的（而不仅是什么是错的），而不必证明它。因此，如果高尔吉亚总是强调，他知道如何使言谈的力量为其所用，那么，这本身是正确的。但是，那不能阻止一个人也把不以这种方式使用的言谈称为修辞学，把它当作可证明之物的对立面。这并不意味着，我们不能证明的任何东西都属于修辞学，而是说，它意味着，修辞学首先想要说服我们相信真理，但却不能证明它——差别就在这里。

多托利：那么，我们可以不能证明什么是真的，但却劝说某人相信它吗？

伽达默尔：当然。这并不意味着证明是无意义的，或者说，它并不依赖于对某物的证明。当然，修辞学意味着，我们想要说服某人相信的东西是我们信以为真的东西——这就是修辞学，这就是我们不断地在做的事情。这是我们相互之间的交谈和我们之间的相互理解固有的。

（57）**多托利：**与此相反，我认为，对于高尔吉亚来说，修辞学就存在于想要说服别人的纯粹意愿之中，而别无其他，因此它也就忽视了真理问题。也就是说，亚里士多德在他的《修辞学》第1卷中说，我们在这里并不是在讨论真理，而仅仅是讨论 *eikos*（可能的事物），与真理相似的东西（den Wahr-aehnlich）[①]，修辞学教导我们如何为自己辩护，因为一个只有身体而没有语言的人是不配为自己进行辩护的。

伽达默尔：不，这对柏拉图毕恭毕敬地讨论的高尔吉亚来说是不适用的。现在，普罗迪库斯（Prodicus）和普罗塔戈拉——我认为他们是尼采的先驱，而非罗蒂的先驱——他们与后者是不一样的。高尔吉亚天赋异禀、才华横溢，而且赫赫有名，因为他踔厉骏发、辩口利辞。他得到柏拉图的青眼相加和不吝赞美，是因为他襟怀坦白，美名在外。但是，正如我们误解了高尔吉亚，我们也误解了柏拉图－亚里士多德的修辞学的真实意义，因为我们陷入对修辞学的虚假的评估中。几百年来，我们一直与这种虚假的修辞学估价如影随形，而在那几百年里，各种修辞学流派占据主导地位。正如我们这几百年里相信的那样，我们称为说话的技艺或说服的技艺的修辞学，并不是存在于一套规则之中，通过运用和遵守这套规则，我们能够在公共辩论或者只是纯粹在和别人的对话之中，战胜我们的对手或伙伴而赢得胜利。毋宁说，说话或说服的技艺存在于能够现实地与他人进行交流并且说服他们什

① 对谈者故意把 Wahraehnlich 这个词拆开，以强调它和真理（Wahrheit）之间的关系，这个词的本义是可能、可能性。——中译注

么是真的，却不能证明它（可以假定我们再也不能证明它）的那种内在能力。而对这种能力，我们当然也能够发展和完善它。它实际上关涉我们现实地能够与他者进行交谈，而这就意味着我们必须诉诸他们的情感和他们的激情（正是因为这样，亚里士多德《修辞学》第二卷要讨论人的灵魂中的激情），但不是为了欺骗他人，或者为了通过它而使个人获益，相反，是为了让真实的东西显现和暴露出来，而真实的东西（das Wahre）就是我们自己因之而被说服的那个东西和通过通常的证明方式不可能显示自身的东西。职是之故，亚里士多德称修辞学的领域为 *eikos*（可能的事物），因为这个问题关涉只能显现在我们的言谈中，否则它就不可能是如其自身般（58）显示的真实的东西；它也有可能显现为非真实的东西（Unwahre）。不能绝对保证它会是真的，也不存在它可以得到客观证明的保证。然而这就是我们日常的交流处境之中出现在我们面前的东西，在这种处境之中，我们必须保卫我们的各种理由（*raisons*），我们的各种坚实的理由——不是在我们想要把我们自己硬塞给他人的意义上，而只是在下面这种意义上，即我们想要向他人澄清我们相信什么是对的，以及我们能够为了什么而向他人显示我们的坚实的理由，只是这些理由对于他人而言不（像对我们自己一样）那么明显而已。为了成功地做到这一点而必需的，正是说话的技艺或者言辞的力量。现在我们可以得出结论说，哲学家和智者不能单纯地通过他们的论证而得到区分。论证的模式是一样的，区别只存在于如下事实中，即在一种情况下，我们只寻求什么是正义的东西，我们想要说服他人这个东西也是真实的东西；而在另一种情况下，我们只是寻求显得对我们更加有利的东西和更加有用的东西。在后面这种情况下，也许我们也可以竭力使我们自己的利益显得是正义的东西，只要它能够根据 *eikos*，从表面上（scheinbar）显现（erscheinen）为那样一个东西。

(59)

第四章

伦理学，还是修辞学？

多托利：伽达默尔教授，在昨天我们关于智者和哲学家之间区别的对话之后，我们现在走得足够远了，可以提出伦理学与修辞学的关系这个问题了。这个问题看起来是这样的：如果我们在某种贬损的意义上理解诡辩（Sophisitik），而柏拉图在《理想国》和《智者篇》中断定这种贬损意义乃诡辩罪有应得的话，那么，我们就会说，诡辩和修辞学之间区别的基础只能是一种伦理的标准，而绝不可能是一种逻辑的标准。也就是说，这一标准建立在各种断言的明证性和可证实性的基础之上。如果导致决断的那种劝说依赖于一种伦理的标准，但是同时又注定要伴随着与证明的逻辑，以及最终与真理的标准相一致的论证的话，那么，就会出现这样的问题，即人们应该如何合并这两种并不等值的标准？且由此最终规定我们的决断的应该是哪种标准？

伽达默尔：这正是*phronesis*（实践智慧）、智慧的问题。但是我们必须理解在此之前有某种东西存在，而这就是修辞学。修辞学是起点。全部伦理学都是修辞学，而*phronesis*（实践智慧）是修辞学这种观念，在亚里士多德那里就出现了。*phronesis*不能用诸如数学这样的科学概念来衡量，它是一种截然不同的东西——它是修辞学。他后来说，凡是修辞学被当作这样一种技艺而区别对待的地方，凡是它不仅涉及一个真理问题的地方（在这里,他比较接近柏拉图的《高尔吉亚篇》），修辞学自身肯定不是一种坏东西。只有在它遭到恶劣的使用的时候，它才是坏的。这样的话，它是某种截然不同的东西。好吧，它到底是什么呢？自然，我们也一直在同时思考人的灵魂的完全不同的方面——时间性和死亡，把它们当作飘浮在我们的生命之上的东西。我认为，我们必须首先澄清这一点，然后我们才能思考后来的希腊文化、伊壁鸠鲁主义和斯多亚派的成就等。

（60）**多托利：**但是斯多亚派有一种非常显著的逻辑——今天，这种逻辑被重新发现了，而且备受赞誉——这是一个非常显著的理性的方面……

伽达默尔：是的，诚然。但是这并非它至关重要的方面。与此恰成对照的是，斯多亚派具有一种人类此在的现象学，这种现象学没有这种纯粹工具性的逻辑也行，是某种与这种逻辑截然不同的东西。一般地说，同样的紧张关系也存在于当代的科学之中。我们借助科学能够把某些自然的力量转变为工具。问题是——我们在何种程度上可以做到这一点，以及在多长时间里我们可以做到这一点。当然，真的，事实上我们现在对此保持沉默，因为我们意识到，迄今为止我们已经认识的东西再也不足以帮助我们人抵达目标。

多托利：但是现在，还是让我们转向修辞学吧。如果一切都是修辞学，也就是说，是说服（别人）的意愿和允许自己被说服，那么，当然，问题就会变成这样：在这里为伦理学——也为柏拉图同样曾喋喋不休地谈论的“我和你的关系”——留下怎样的位置（Platz）？

伽达默尔：是的，显而易见，为它留了一个位置，为这种关系留下的位置事实上就是 *phronsis*（实践智慧）——智慧或者明智（Vernuenftigkeit）。*phronesis*，或者明智，无非就是行动的意识方面，实践之知。只要我们拥有注意到我和你之间的区别的这种意识，那么，我们就拥有实践智慧。

多托利：在《政治学》的开端，亚里士多德说，我们不仅在讨论令人愉快的事务和不愉快的事务之时具有逻各斯（*logos*），我们在讨论正义和不正义的时候也有逻各斯。

伽达默尔：诚然如此，但是，那是后来出现的专有术语。当然，一开始，你会不假思索地反对说，我的全部哲学无非就是实践智慧（*phronesis*），但是，当然，它确确实实就是实践智慧，情况一直就是这样。

多托利：但是如果我们把这种观点推到足够远，不再区分伦理学和修辞学，那么，我们就再也不能区分具有伦理目标的话语和只是想说服他人的话语。但是，真的不存在这种区别吗？也就是说，我们不是有两种话语吗？在前一种话语和与他人的联系中，我们只是出于他自己的利益的考虑而想要理解他，而在另一种话语中，我们只是（61）为了我们自己的利益而想要说服他。我认为，如果我们为了逃避智者学派的或者实用主义的修辞学，而对伦理学和修辞学之间的差异视而不见，那么，我们就真正上当受骗了，因为我们得到的除了纯粹的说服就别无一物。

伽达默尔：但是我们不能那样给修辞学下定义。您首先要考虑的是证明（proof），那样的话，修辞学就变成了一种证明的技艺。但是，在修辞学的领域没有证明：我们不能证明任何东西，因为它不是数学。即使物理学也不是一门严格的科学，而是一种*episteme*（理性认识），因为它包含运气（*tyche*）的成分。我们还可以以纯粹否定的方式，把修辞学定义为一种虽然不能证明任何东西但可以说服他人的技艺。

多托利：它关涉的是*eikos*、可能性（Wahrscheinlichen）的问题，因此，在它自己的领域之中，它和真理无关。我们可以把它看作一种纯粹想要说服的技艺——这和伦理学适成对照。也就是说，把它看作想要借助于话语使自己的观点为人所接受的一门技艺，而完全不顾及也提出了自己的观点、自己的论题和自己的旨趣的他人。对于他人的这种尊重恰好构成了真正的对话的根本特征，而真正的对话是伦理学的基础。另一方面，难道修辞学不正是这样一种为了赢得一场和他人展开的竞赛而进行的话语游戏吗？

伽达默尔：不，如果你这样看待伦理学，你就永远不会理解 *synesis*（设身处地）、通情达理，把他人理解成他自身或者 *syggnome*（推己及人）、倾向于原谅别人的同情之理解（verstaendnisvolle Einsichtigkeit），以及我们可以在《尼各马可伦理学》中发现的一切类似的东西。

多托利：当然是的，所有这一切都属于伦理学，而非修辞学。

伽达默尔：首先，你只能以纯粹否定性的方式把它定义为不可证明的东西。所有这一切都是修辞学：凡是我们可以将之翻译成语言的东西。一方面，因为语言属于它，而逻各斯（*logos*）也属于它，因为如果没有逻各斯，我们不能把任何东西翻译成语言。另一方面，你是把一种压根儿不存在的强制输入修辞学之中。如果我因为某种事情而原谅某人，那么，我并没有真正原谅他，不过是因为我认为这样做，是在使我以后能够为他所接受。不，这不是修辞学；这不是一个目的性很强的行动。

多托利: 修辞学不是有的放矢的吗?

(62)**伽达默尔:** 不是的，修辞学的概念最初是一个完全形式的概念，它是这样一种话语，这种话语是不可证明的。它的确属于 *eikos*,但是它也属于思想——思想和言语。当然，你似乎看见了实情，就像修辞学或者话语只是为了劝阻某人不要相信真理，或者证明某物是不真实的。相反，在修辞学的情况中，这只是一个使某人理解我们的观点或我们的意见，并和那个人交流观点的问题——而根本不可能证明它。但是，为了赢得这一点，我们必须设身处地，而这就意味着真正体谅对方，而不是想要向对方宣战。这也就是 *syggnome* 的确切含义——与他人感同身受，心有戚戚。你必须牢牢记住一个很宽泛的修辞学的观念。如果你回想一下亚里士多德的《修辞学》第 2 卷，他在那里讨论了各种情感、各种激情，你就会对此有更好的理解了。

多托利: 是的，但那意味着，为了发现接近他人的正确方式，也就是说，为了能够影响他人，或者说，在公众聚会中影响他人或在法庭上影响法官，我必须对自己的诸种激情了如指掌。为此就必须有一种关于各种激情的理论。

伽达默尔: 不仅仅是为了这一点。例如，在我爱上某人之时，我真正想要的第一个东西是获得接近那个人的适当途径，那就是 *eros*（爱欲）。爱欲的问题是柏拉图哲学的另一部分。数学在柏拉图那里也不是最重要的东西。我说“数学”是为了简单化，我用数学意指科学。但我真正想要说的是，我们殚精竭虑寻求的东西是真实存在的东西。情况肯定是这样，因为只有在这种情况下，我们才能说服对方。我从来不试图说服某人相信我本人都不相信的东西。

多托利： 不过，也许我能够说服对方相信对我有利的东西。

伽达默尔： 不，我能说服他者相信我认为就是这样的东西，我认为是真的东西。如果我对某人还有点用处的话，那么，我肯定不会试图说服他人相信我不相信的东西。

多托利： 是的，肯定不会。但我的意思是，依照亚里士多德的看法，修辞学有三个应用领域：首先是，对话或者社交性的消遣；其次是，*agora*（集会地点），全民投票；（63）以及最后是法庭。很清楚，在这三种情况下，我总是为我自己的利益发言，我总是想要说服他人相信符合我的利益的东西。

伽达默尔： 但这种修辞学的观念是极其狭隘的，这就是为什么在希腊人看来，如果一个人仅仅从这种概念出发，他会引人误入歧途。与此相反，我们必须首先从我们在生活中有很多话要说之处开始——这就是对话，而对话恰好属于修辞学的领域。修辞学的意义在于教会一个人如何发表或者组织一场对话，使得一种真正的理解（*synsis*）或者一次真实的交流（*syggnome*）得以可能，而真正的理解和真实的交流构成现实的共识的基础。

多托利：但是亚里士多德本人也说过把*eikos*，可能的东西，当作一切修辞的基础，他教导我们，为了达成一个判断或者赢得对方的意见一致，我们能够怎样在谈话中使用修辞。他举了一个小个子做例子，这个小个子因为撞了一个大个子而被带到法庭。小个子的辩护人可能会说："他怎么可能会去撞一个比他个子大的人？"这就是*eikos*，可能的东西；他很有可能会因此而说服法官，他的当事人是个好人，他应该免于问责。

伽达默尔：但是只有在法官对辩护人的话信以为真之时（小个子才会免于问责）。然而，法官不是辩护人。辩护人建构了法官信以为真的劝说的大厦。

多托利：不，但是，辩护人是一个修辞学家。在他看来，一切都围绕着结果而展开，他想要说服法官相信某种也许不是真理的真理。

伽达默尔：但辩护人认为它是真理。诱导法官去做他并不信以为真的东西，事实上是不会起作用的。

多托利：是的，法官有可能认为它是真的，但对于辩护人来说，它完全是另外一回事，修辞学对辩护人来说才是成立的。

伽达默尔：我不知道，也许它只是对辩护人来说才成立的。实际上，法官不应该被修辞学牵着鼻子走。

多托利：我认为，《修辞学》首先是为那些殚精竭虑想要通过他们的言辞而达成共识的辩护人和（64）政客而撰写的。

伽达默尔：它是为辩护人、为政治家，为了所有人而撰写的。这是亚里士多德在这一语境之中也提到伦理学的原因。他这样做了，所以，他能够在引入它们二者之时，把伦理学建立在修辞学的基础之上。难道不是这样吗？

多托利：但伦理学是有别于修辞学的某种东西啊。

伽达默尔：不，伦理学就是修辞学——它是修辞学的善。你只需打开《修辞学》看看就知道了，君之言差矣。关于修辞学，亚里士多德有一个宽泛得多的概念，这种概念和实践知识的全部宽度，也就是说，和 *phronesis*（实践智慧）若合符节。这是伦理学属于修辞学的原因之所在。我在伦理学之中看到了修辞学的发展历程，因为构成修辞学基础的那些概念是从《伦理学》中进一步发展而来的。这些概念包括借助于话语、对话和对于他人的同情之理解而进行的真正的交流、达成共识以及最后对他人的尊重等，对他人的尊重比爱要更高，因为所有的爱实际上都只是某种形式的权力意志。

多托利：但是，那正是在菲利普·弗尔热（Philippe

Forget）[①] 组织的巴黎会议期间德里达提出来反对您的观点，对吗？他认为，您所说的善良意志的权力实际上是求取权力的善良意志。

伽达默尔：嗯，是的。在全部争论过程中，以那种方式理解善良意志绝对是对于我的德语的不幸误解。他说，善良意志实际上是在意志概念意义上的意志。然而，那并非我的意思。毋宁说，善良意志并不意味着对他人存有偏见，却仍然意味着善良意志。因此，人们会说，“我想带着善良意志去听”，因此，*eumenes*（意志）也是一个古希腊的概念。我们的确可以使用“意志”（der Wille）这个表达来替代它，但是它并不是权力意志意义上的意志——它不是那种类型的意志。

多托利：德里达对你所持的第二个异议是所谓的“逻各斯中心主义”（Logozentrismus）的问题。他用这个词意指的是（65）根据 *logon didonai*——“陈述理由”或者“给出说明”——的古希腊原则，把万物归属于逻各斯，并因此而归属于理性的任何一种哲学立场。在西方思想的这种基本的态度中，人们可以在逻各斯中看到就对世界的每一种阐释之合法化而言的最终根据。因此，如果阐释意味着给出阐释的理由，您的解

① 参见菲利普·弗尔热编《文本与阐释》，德法对照版，其中包含德里达和伽达默尔等人的论文，芬克出版社，慕尼黑，1984 年版。——作者注

释学哲学——就像海德格尔的思想和黑格尔的思想那样——最终可以回溯到他简单地称为“逻各斯中心主义”的那种立场。这个表述尤其适合于黑格尔。或者说，我们创造出来的这一表述以某种相关的方式正好适合黑格尔的思想。因此，他认为，尼采是唯一一位避开了逻各斯中心主义的思想家，而海德格尔的尼采阐释在尼采那里看到了可以和黑格尔等量齐观的现代主体性的形而上学的完成，这一阐释反而屈服于逻各斯中心主义。此外，解构主义（Dekonstruktivismus）——德里达的哲学——教导我们，每一种世界阐释都无非是我们解读一个文本时遵循的一种踪迹（eine Spur）。我们所拥有的无非是各种踪迹，我们追随这些踪迹，以期达到可能的目的地。

伽达默尔：你说的——或者他说的——第二件事在我看来真确无疑，或者说，它看起来是人们可以断定的唯一的东西。第一件事情是不正确的。无论如何，我想说，当他在这个意义上论及权力意志时，他肯定不是指海德格尔。

多托利：依照海德格尔的看法，这应该是形而上学的完成、形而上学的最终完成。在这里，存在被理解为绝对意志，就像在黑格尔那里，它被理解为绝对知识。

伽达默尔：形而上学的错误在于，存在是最重要的东西。这也是海德格尔对尼采提出的异议。但是，存在着其他的截然不同的形式的意志，例如为了停留在亚里士多德和修辞学那里，亚里士多德本人在《修辞学》中谈论过这样一种形式的意志，亦即 *orexis*，纯粹情感的类型，它是生命自身的基本形式。尼采更喜欢铭记这种类型的意志——真实的求生命的意志，对生命来说，与我们可以为它提供的任何理由都毫不相干，我们甚至没有这种意志的任何理由。海德格尔也说过这一点——这不是逻辑，也不是什么逻各斯中心主义。

（66）**多托利：**是的，当然。只不过，在海德格尔的意义上，意志是一个形而上学的概念，我们假定可以通过这个概念把握实在性或者最后的原则。但是现在让我们离开尼采的问题，回到和德里达提出来的反对解释学的主张同样的异议——解释学是逻各斯中心主义。你曾经为此而不安吗？

伽达默尔：首先，我不理解为什么解释学会是逻各斯中心主义。我甚至不理解逻各斯中心主义到底是什么意思。

多托利：它的意思很简单，即所有阐释都是在各种根据（Gruende）的基础上给出的，因此，它也就遵从根据的原则[①]，*logon didonai*（陈述理由）的原则，或者给出一个说明的原则。也就是说，每一种阐释都主

① 亦即根据律。——中译注

张自己是正确的，并且能够为它的有效性提供根据。

伽达默尔： 不，我认为，这显然是不真实的。例如，如果我想安慰某个心灰意冷的人，我自然会试图可能形成一个“我们”——一种相互理解和团结的状况，而这种状况就是一场对话。我既不会找各种理由安慰他，也不可能单纯地说我现在百般抚慰他，是为了今后我能和他一起做我想做的事情。这种安慰的意愿不是求取权力的意志（Wille zur Macht），对不对？我绝对可以反驳这一点。如果善良意志被还原为求取权力的意志，如果我们认为我们必须为一切事物提供理由，那么，我会坦率地承认，我们到达了黑格尔的逻辑，而当然，这种逻辑会把我们带向求取权力的意志、求取控制的意志——这就是海德格尔以“技术”来意指的东西。我会毫不犹豫地这样说。如果我们能够证明一切事物，如果一切事物允许自身得到证明，那么，我们就真的走得太远了。但是，除了我们可以证明的东西之外，还有大量的东西根本不需要证明。意志在这里的作用截然不同——它只是 *orexis*，欲望、嗜好。

多托利： 那么它什么时候涉及阐释？例如，我们什么时候阐释黑格尔的一个文本，或者一首诗？

伽达默尔： 然而，这是完全不同的。在那种情况下，我会侧耳倾听。如果是一首诗或者是一个文本……我们必定会听见语言，听见诗或者文本真正想要说的东西。显而易见，每一种阐释都必须超出任何（67）逻各斯中心主义能够认识或者声称能够认识到的东西。站在德里达的立场把我的求取理解的意志阐释为一种彻头彻尾的尼采主义，这完全是一个严重的误解，而对这场争论的翻译和编辑在很大程度上要为此负责任。德里达为什么会卷入这场争论，我不知道。但是，在这期间，德里达和我完全达成一致了——在我于那不勒斯澄清了如下这一点以后，即人们所谈论的那个阐释的视域融合中的视域，是人们从来没有抵达的无，因此，它不可能假定一种形而上学的立场。从那以后，他就完全站在了我这边。阐释的视域变动不居，就像我们的视觉视域也随着我们每一次移步而发生变化。

多托利：我们现在还是回到伦理学和修辞学的问题上来吧。我说过，我的印象是，您使这二者靠得太近了，毕竟它们是两个不同的经验领域，所以，我们需要两种不同的学科或者两种不同的研究方式。

伽达默尔：它们之间肯定也存在着区别。但是，我再说一次，这些都是从纯粹的思出发而对意志所作的分类。我想斗胆说一句，竭力说服别人的人实际上是不思的："我下定决心说服某人。于是，我接下来要做的事情是对他撒谎。"这不是说服他人。

多托利：是的，亚里士多德也不会那么说。但是他的确说过，我们必须能够帮助我们自己，因此，我们必须知道如何通过承认激情而使我们自己的话语坚实有力、胜券在握，以便充分利用话语为我们自己的目的服务，甚至不惜使一切对我们更为有利的东西听起来像花言巧语。

伽达默尔：是的，但人们必须做出的预设（尽管总是有人会否认它）总是在那里的，"因为我认为它是真的"。一个人想要说服他人，就像法官总是应该心服口服于什么是真的，或者某事实际上是如何发生的。

多托利：但我认为亚里士多德不是以这种方式表达这个意思的，因为他说我们置身于这里，置身于*eikos*（可能）的领域，而不是置身于真理自身的领域。

伽达默尔：它的意思不过是"无罪推定原则"（*in dubio pro reo*）。如果我们对于一项指控的各种状况没有绝对的确信，（68）那么，我们就应该相信被告。法官这样思考，是因为他并不认为它是证明（在不具有数学性质的东西不可能被证明的意义上），但是相反，他认为它具有经验知识的特性。然而，在这里为错误留下了空间，我也不会说，我们从来不会出现误判。所以，既然不可能存在绝对的确定性，大概人们还是必须得相信。毫无疑问，这就是为什么这一职能属于和辩护人相对立的法官，法官不想受到欺骗。他想要测试在法庭面前上的陈述的可信度。

多托利：好。我们现在看看诡辩吧。对于诡辩来说——对于普罗塔戈拉来说，对于高尔吉亚来说——以下这点肯定是真的，即，它并不关涉事情之真假，而只关涉说服另一个人相信我们的观点。我们面前有两种具有相反的理由的相反观点，而某个人可以被教导如何引领这一方或者对方走向胜利。在《智者篇》中，柏拉图恰如其分地把他们定义为 *antilegein*（自相矛盾）、自相矛盾的技艺的教师。

伽达默尔：这就是诡辩，但是，修辞学是迥然相异的东西。也就是说，在《高尔吉亚篇》中，在肯定的意义上，他毫不含糊地说道（而不是从《普罗塔戈拉篇》中得出他的结论）："不，修辞学绝不是任何诡辩的东西，它就只是话语的艺术。"因此，只有在这一点遭到否定之时，也就是说，当它仅仅被当作赢得战斗的一件工具之时，它才变成了诡辩。尽管如此，只有它在以这种方式被利用之时，它才变成了诡辩。此外，作为话语的技艺，它就是赋予灵魂以生命的那个 *eros*（爱欲）的力量，或者说实践智慧的力量、明智的力量，这种力量把我们带入一致同意和相互理解之中。实践智慧（*phronesis*）当然不是这一段中明确地提到过的 *deinotes*（狡计），或者那些能够立即理解一切事物并控制一切、决定一切的可怕的人的可能性。它是真正的求取权力的意志，而这也就是那些真正拥有这种可能性的人被称为恶魔（diabolisch）的原因。

多托利：我逐渐理解了伦理学和修辞学之间的相似性，即使我仍然想要抓住它们的差别。所以我们说，在这两种情况下，它都涉及相互理解，而正是在这里，根本就不存在着像在数学中（69）存在着的、可以证明的真理的意义上的真理。但是，在修辞学和伦理学之间的区别是，通过修辞——它可以应用于前面提到过的对话、广场（*agora*）和法庭等三个领域中——我们总是想要说服对方相信我们的观点，并从我们对于事物的看法出发向前推进——暂且这么说；而在伦理学中，我们首先必须从我们对于对方的理解出发向前推进。

伽达默尔：诚然，但那是一种非常狭隘的修辞学的概念，而您必须恰如其分地理解它。《高尔吉亚篇》这个对话从根本上向我们展示了哲学家和演说家之间关于青年之教育的斗争。如果它就是它看起来的那个样子——一方面，我们把真理当作自己的目的，而另一方面，我们只是把欺骗或者征服当作自己的目的——那么，这样一种斗争就永远不会出现，更不用说演讲或者讨论了，因为人们在演讲和讨论时是在捍卫他们的一种观点而反对对方的另一种观点。再清楚不过的是，总体上说这是不可能的，因为同一个不过是某种形式的求取权力意志之化身的人交谈，只能说是执迷不悟。

多托利：但我们是在不得不捍卫我们自己的处境之中啊。在《修辞学》开篇的一个著名的段落中，亚里士多德本人说，这项研究的目的是教会我们如何用词语（Wort）捍卫我们自己，因为不能只用身体，而不用逻各斯、不用话语来捍卫我们自己，这是闻所未闻的。

伽达默尔：是的，但我们是为了什么利益而捍卫我们自己？是为了真实的东西的利益！你不过是把其他东西放在它后面了。置身于整个修辞学背后的东西不是权力，就像你已经预设的那样，而是逐渐达到一种理解和真理。在这里存在着和智者的区别，智者完全排除了真理，暂且这么说，而很显然，这就是为什么他会使用所有的可能说服对方的论证。因此，修辞学和诡辩是两个截然不同的东西，然而，这并不妨碍，对方、智者会把修辞学应用于比如发展一种强有力的写作风格之中。只不过，智者只会为了他自己的好处而利用修辞学，而正义的演讲家则想要抵达真理。

多托利：所以，你不把修辞学和伦理学限隔开来，而把修辞学和诡辩限隔开来，你从逐渐达到（70）理解和纯粹想要说服他人之间的差异，转移到了诡辩和修辞学之间的差异上。当然，以这种方式，你抵达了我们在维柯那里和他的《新科学》（*Scienza Nuova*）中发现的修辞学的概念。但是，在修辞学中，一个人的目光不就应该指向对于真理的寻求和想要说服其他人相信真理吗？

伽达默尔：是的。然而，情况可能是这样，有人想要对其他人撒谎，于是，就有了诡辩。

多托利：那么，我们是否应该得出结论说，修辞学并不只是关涉 *eikos*、可能的东西，而是，它首先关涉的是真理？

伽达默尔：当然是的。事实上，我认为，《高尔吉亚篇》的主旨在于，修辞学纯粹是一种工具。这是非常清楚的，这也就是《高尔吉亚篇》详尽无遗地处理修辞学的原因，因为通过修辞学，人们可以区分善好的东西和不善好的东西。我没有看到这本书中还追问了别的东西。

多托利：只有这一点而已，我们正是从如下观念开始的，即修辞学和真实的东西，或者说和任何能够证明的东西没有干系。现在，走到了它的反面，我们终于得出结论说，修辞学怀有寻求真理和证明真理的任务，即便我们不再处在数学的领域之中。

伽达默尔：显而易见，修辞学和我们持以为真的东西相关——我不能证明它，但是我心悦诚服地相信，事情就是这样。例如，作为一个法官，我想要正确地认识真相，而这就是我认为真理和信念相互不同的原因。因此，它实际上是一个把修辞学和诡辩区分开来的问题。例如，如果高尔吉亚除了纯粹的同情外什么也不寻求，那么，这就不是诡辩。诡辩是一种迥然相异之物——如果人们能够把一切东西都扔进一个罐子里，为了赢得论证而不择手段、机关用尽。但是高尔吉亚决不会做这样的事情，甚至在他的结论之中。无论什么时候你以这样的方式去读《高尔吉亚篇》这篇对话，而且试图得出后一种结论，那么，这就是求取权力的意志，一种原初的尼采式的结论，或者说尼采的原型。

多托利：当然，但只是因为修辞学和真理毫无关系。

（71）**伽达默尔：**但如果一个人是诚实的，他就能够很好地做到这一点。修辞学并不必然把它变成虚假的东西，只不过，如果一个人能够证明一切事物，或者如果一个人想要证明一切事物，那么，他就被交付给了权力。这是极端的状况。我们还是再一次打开柏拉图的《高尔吉亚篇》，翻到我们发现三个步骤的描述以及它们的执行者高尔吉亚、波鲁斯（Polos de Agrigento）和卡利克勒斯（ Callicles de Atenas）的地方吧。在这里，你拥有所有阶段的真实的话语、对于真理的主张等，在这里仍然存在着纯粹的工具。正因如此，它的价值端赖于它的使用。

多托利：但是，这种纯粹的工具教会了我们使用亚里士多德的修辞学。

伽达默尔：但对话的真正目标是证明，好的演讲者也应该擅长使用他的技艺，如果这种技艺以善好的方式得到使用，他就会使得使用这种技艺的人发展出对于正义和不正义的恰当感觉。你必须把你自己从那种作为假象的技艺的错误修辞学概念中解放出来。你这种把修辞学当作纯粹工具的观念是错误的。维柯毫不含糊地站在修辞学传统之中。他没有发明任何东西，相反，他紧紧抓住了在古代的全部发展历程中、在古希腊和古罗马文化的发展过程中沉淀下来的某些东西。他只是再一次提醒我们，并非所有东西都是可以证明的。事实上，他著书反对伽利略及其结论。我们必须通过我们的头脑获得这一点——也许还有更多的东西。过去的两百年已经让我们如此神志不清，以至于修辞学逐渐变成意指纯粹的修辞学，此外别无其他——只不过是求取权力的意志。我们必须看到，与此相反，无论什么时候人们开始说服，他本人也总是相信他正在设法劝说其他人相信的东西。如果没有这一点，那么，修辞学就是空无一物的修辞学，或者是我们所说的，“空空荡荡的修辞学”。

(72)

第五章

形而上学与超越

多托利：伽达默尔教授，我们上一次对话的主题是修辞学，我们讨论了修辞学和伦理学是否是同一门学科的问题，以及这二者是否拥有同样的应用领域的问题。您秉持的看法是，它们都是建立在*phronesis*的基础之上，并且因此是建立在人的话语和交流的相同基础之上。您还进一步指出，我们不能把修辞学看作是像数学一样的严格意义上的科学，尽管它的确和真实的东西相关，但它并不属于可证明的东西的领域之中，而是属于人的话语的领域。现在，自亚里士多德那里开端的形而上学的情况怎么样呢？我的一个学生有一次在罗马向您提出过形而上学是否仍然可能的问题，您当时回答说，要从事形而上学，我们必须做两件事情：首先是物理学（在当时，这种形而上学就是亚里士多德的物理学），其次是母语。所以，形而上学，到底是和修辞学一样，也属于人的话语的领域，还是和物理学一样，属于科学的领域呢？我还记得您经常提到雅各布·克莱因（Jacob Klein）的一篇论文，您说论文为您提供了关于这一问题的本质洞见。

伽达默尔：我的确应该感激我的朋友雅各布·克莱因和他那篇关于古希腊数学与逻辑斯谛（Logistik）的高论，因为他就这些问题提供了清晰明了的洞见。他写了一篇确实经典的讨论古希腊数学的论文[①]，并且馈赠了在古希腊人看来*arche*（始基、原理）究竟是什么意思的洞见，以及*arche*是如何将自己与数字的概念联系在一起的，这个概念又是如何进一步发展，直到最后，数字的和现实的名称（Bezeichnungen）不再代表数量和一，相反，它们成了文学的表述。我意识到，这对我来说是一个非常重要的时刻，这就是一个非常重要的时刻！到那时为止，抽象已经得到广泛的传播，以至于可能出现某个伽利略了。论文非常有说服力！（73）我们还必须理解（也出现在这篇论文中），第一个*arche*（始基），一，是数字，它只有通过和某种不确定的两重性（Zweiheit）之间的关系才变成了数量（Anzahl）。这篇论述古希腊的逻辑斯谛和几何学在古希腊人中的形成过程的作品，对我理解以下二者之间

① 参见雅各布·克莱因："古希腊的逻辑斯谛和几何学的形成"，载《数学、天文学和物理学的历史的源泉和研究》，B版，第三卷，第一部分（1934年），第18—105页，第三部分（1936年），第122—235页。——作者注

的区别来说是一篇根本性的作品：一方面是这种类型的认识，它对古希腊人来说是科学并因此而属于纯粹的 *theoria*（永恒的和可以纯粹地洞见的科学），另一方面是一种不同类型的认识，与前一种知识相反，它属于人的交流的领域。如果我们想要理解物理学和形而上学对于亚里士多德来说到底是什么，理解形而上学总体上是什么，或者至少，在我们和形而上学发生关联之时我们在做什么，那么，我们就应该牢牢坚持这种区分。我还相信，对亚里士多德本人而言，物理学与形而上学和伦理学在根本上有别于科学，因为古希腊人只把可以得到严格的证明的知识看作是科学。

多托利：那么，对于古希腊人来说，精确的科学，亦即可以洞见的和有着牢固地基的科学，是数学。因此，我们必须把它和属于人的话语且属于修辞学领域的科学区分开来。而在您看来，伦理学也属于后者，是吗？

伽达默尔：当然。这种观念已经被遮盖得如此之深，以至于人们不可能相信伦理学一度是修辞学。物理学究竟是什么？亚里士多德本人从来没有就这个主题明确表过态。然而，既然它处理的是运动，那么，它就只能是关于 *epi to poly*，关于大多数时候发生的事情的科学。这种知识只能是修辞学。一般地说，修辞学在物理学中毋庸置疑地扮演的角色和它在所有类型的、不具有绝对的可证明性特征的知识中扮演的角色别无二致——而绝对的可证明的知识只属于数学。

多托利：您肯定物理学也依赖于修辞学吗？

伽达默尔：如果亚里士多德必须说物理学是哪种类型的科学——而他的确说过，物理学中有运气（*tyche*）的成分在里面——那它也不会是《尼各马可伦理学》意义上的 *episteme*（科学），绝对不是。那么，它是什么类型的科学呢？

（74）**多托利：**关于根据和 *aitiai*（各种原因）的科学。《物理学》第二卷讨论的正好是四种最高的原因。

伽达默尔：噢，显然，我要承认这一点。无论如何，我必须说，这些原因只有在 *peitho*（变化）的领域是绝对有效的，在其中存在着说服和 *epibole*（变化）的领域。

多托利：当然，存在着 *epibole*（变化）。但是它无法改变这样一个事实，四种原因组成了结构，组成了这种 *epi to poly*（大多数时间中发生的东西）的框架。

伽达默尔：如果这些原因（*aitiai*）是原理（*archai*）——在存在着数学 *archai*（始基，原理）这一意义上——那么，您就是对的。但是 *aitiai* 的意义蕴含着，在其中不存在纯粹的 *epi to poly* 和 *tyche*，而只存在着在绝大多数时间中出现和作为偶然事件发生的可能性。

多托利：但是在《形而上学》第一卷中，亚里士多德把 *techne*（技艺）或者艺术实践和 *episteme*（科学）区分开来了，正因为前者只是从人们被认为会做的事情的经验之中获得的知识，而与此同时，*episteme*是关于为什么必须做某事的 *aitiai*、原因和根据的知识。因此，科学就是关于原因的知识。因此，在 *epi to poly* 中就可能存在着不同原因的一致，所有获得正确的原因和具有关于它们的知识的人就认识或者具有 *episteme* 了。

伽达默尔：那么，就再也不会有偶然事件了。但是，亚里士多德并不是这样认为。在亚里士多德那里，在物理学中，我们的确可以发现偶然事件和在大部分时间中发生的东西。因此，我们为寻求最能够说服我们的东西，不得不寻求 *pythanon*（神谕）。这就是为什么在修辞学中，*logos*（逻各斯）被称为 *dynamis*（潜能）、一种看见 *pythanon* 的能力。

多托利：也许在修辞学中是这样的，但是在物理学中，我们确确实实不是在寻求最能够说服我们的东西，相反，我们在发现和给出原因。

伽达默尔：是的，但是所有人都知道，这种发现或者认识完全不同于数学的知识。我们寻求或者发现的原因（75）实际上不是原因，或者毋宁说，它们只是作为一种规则而存在。在自然现象中作为规则而发生的东西，就是在大部分时间里发生的东西，也正是认识 *epibole*（变化）的东西。物理学绝不是一门精确科学，它只是一种经验。

多托利：我想说，相反，物理学试图教会我们如何从一种经验之中建构一门科学。

伽达默尔：我认为亚里士多德不会以那种方式进行论证。

多托利：那么，为什么在《形而上学》一书的开端，他区分了这三个步骤呢？—— *empeiria*（经验）、*techne*（艺术实践或者技术）和 *episteme*（科学）。

伽达默尔：因为他想要澄清知识的位置。的确可能存在着不同类型的知识，然而不是所有的知识都是一种可靠的知识。

多托利：是的，正是这样。如果存在着一种 *epi to poly*，那么也就存在着人们认识它的不同方式。确切地说，存在着 *empeiria*（经验）——关于总是在这种情况下发生的东西的知识，通过这种知识，医生（医生在那个时代被称为 *empeirioi* [富有经验的人]）能够从事他们的职业。存在着 *techne*，或者不是关于作为一种规则的情况，而是关于如何能够制造出某物，以便实际情况一直如我们想要的那种状态继续发展的知识。存在着第三个步骤，这个步骤由知道事情为什么这样存在和为什么这样发挥作用的人组成，而其他人只是认识到它是 *epi to poly*，也就是说，它只是在大部分时间里都是如此。这第三种知识就是关于 *aitiai*（各种原因）的知识。它们能够说明事情为什么如此发生的理由，而这构成了 *episteme*（科学）。

伽达默尔：它并不构成我们在《尼各马可伦理学》中发现的 *episteme* 的概念。我们在伦理学中拥有的科学概念只和不会发生变化的事物相关。因此，物理学不可能是这种意义上的科学。

多托利：好，那么，我们来说说，《形而上学》一开始提出来的东西涉及一种不同的科学，也就是关于最终根据和原因的科学，这种科学能够为在物理学中认识到的那个东西的目的奠定基础。而这意味着，(76)它把我们引回到一种真正的 *episteme*，它不再是物理学，而正是形而上学。

伽达默尔：约翰·克利里（John Cleary）这个名字您是否有过耳闻？他是我的一个学生，刚刚写了一本论述古希腊人和数学的佳作。

多托利：是的，我认识他。他在他的大作中提出这样一个论题，即古希腊人并没有把数学应用于物理学，或者说，他们还不熟悉随着伽利略和牛顿才兴起的数学化的物理学这个概念，对吗？

伽达默尔：不，克利里没有试图否认这一点。他只是说，这并不是那个时候普遍的情况。那时根本上有类似数学的东西，这肯定是真的。它首先在古希腊人中间变成某种特殊的东西。它开始得很早，但是如老牛破车，进展缓慢……

多托利：但是，如果我们回到我们讨论的关键点，那么，争端的焦点是，在物理学中，我们永远也不能达到在伦理学和数学中存在的*episteme*（科学）。我很熟悉克利里，他曾经给我解释说，古希腊人没有这种伽利略意义上的数学概念，这种类型的数学使得物理学的知识——一种精确的和普遍的知识——对我们来说得以可能。

伽达默尔：是的，正是如此。

多托利：好。这是两个不同的领域，但我指的是完全不同的东西。我的意思是，物理学的知识借助于关于第一原理和原因的科学，使得形而上学作为一种真正的知识对我们来说得以可能。

伽达默尔：事实上……物理学已经陷入一种困境之中，而形而上学也陷入一种困境之中，所以，我们陷入了一种双重的困境。

多托利：形而上学正是为了给物理学奠基和解救这种困境而被构想出来的。形而上学正是*prote episteme*（第一科学），科学本身，或者关于存在者之为存在者的科学。它把存在者的第一原理转变成了研究的对象，而这正是它为物理学奠基的方式。即使您总是说《形而上学》不应该结束于*Lambda*卷，结束于*aidion*、（77）永恒的存在者或神圣者。也就是说，它应该保持为关于第一原理和原因的科学，或者关于存在者本身的科学。但是那将意味着，它应该保持为物理学的基础——*meta ta physika*（在物理学之后）。

伽达默尔：我理解您的意思。尽管如此，我还是发现了很多困难，因为在我看来，太奇怪了，《形而上学》的 *Lambda* 卷直到今天都包含一个令人费解的跳跃。首先展现出来的是关系的作用，然后是与之相关的概念，接下来突然出现了主题。维尔纳·耶格尔（Werner Jaeger）在他那个时代并不把这一卷看作是一个统一的、完全独立的讲座，而这不是完全没有根据的。我们也不能否认，实事求是地说，它在这一点上给人造成了一种跳跃的印象。人们先说这一种东西，然后再说另一种东西，这毫无意义。因此，在我看来，一个伟大的谜一再重复出现，即神学如何完全凭靠自己变成了形而上学，而严格地说，形而上学对于斯波西庇（Speusippos，柏拉图的第一个学生）来说还没有出现呢，因为他才是第一个制定它的人。因此，在某种程度上，我总是遇见各种困难，我承认这一点。我不是说你错了。我只是想问，*episteme*（科学）的真正意思是什么。*episteme* 肯定是某种超出纯粹逻辑之外的东西。在《形而上学》中，逻辑是你能够证明的东西，它是这样一种东西，通过它，*aitia*（原因）变得可以理解了。这就是这里发生的事情。一般来说，情况就是这样的。我不能想象，如果你是正确的，图宾根学派的柏拉图主义的全部问题会存在。事实上，我认为他们所做的事情狂妄悖理。但我认为它是狂言瞽说的理由，是他们天真地把数学的本质——在某种程度上——翻译成了哲学，而我认为这是不正确的。在整个希腊化时期都没有就此出现过任何争辩。最多，你可以在怀疑派（Skeptiker）中发现争论，但是我对此知之不详。所以，我也稍有犹疑而不敢遽下定论。在这一点上，我承认，既有一个更加宽泛的 *episteme*（科学）的概念，又有一个更狭窄的科学概念。无疑，这个更狭窄的科学概念就是数学的概念。所有知识都必须源自确定性，源自真理。在亚里士多德那里，并非任何自然规律的情况都是如此。如果 *epi to poly* 和 *tyche* 不是这个意思，那么，它们应该是什么意思呢？这种看法肯定是完全说得过去的，但是……也有例外。

多托利：我认为，我们现在必须把亚里士多德的这两个基本概念（78），*dynamis*（潜能）和 *energeia*（现实）考虑在内，它们（正如海德格尔正确地认为的那样）在我们的拉丁传统中被糟糕地翻译成了 *potentia* 和 *actus*，可能性和现实性。因此，我们应该说，存在着 *dynamis*，且通过它才有了 *epi to poly* 和 *tyche*，以及偶然事件。因此，如图根德哈特认为的那样（我是从他在海德堡的一次讨论班上听到这一点的），*dynamis* 和 *energeia* 是一回事，这绝不可能是真的。一方面，通过 *dynamis*，才有了偶然事件，而另一方面，通过 *energeia* 才有了 *eidos*，一种显现的外观，它预设了 *dynamis*，但是它自身是一个 *eidos*，一个稳定的形式。

伽达默尔：这是一个有趣的问题，但是对此我必须考虑一下。乍一看，它对我还不是那么清晰。但是显然，我能够理解，我们如何能够让我们的 *episteme* 的概念变得更生动活泼。

多托利：那正是亚里士多德努力去做的事情，他试图从柏拉图主义中挣脱出来，同时又仍然坚持柏拉图主义，以便为 *episteme* 奠基，而这就是 *dynamis-energeia* 这对概念的意义。还有一个 *entelecheia*（隐德来希，朝向目的的工作），它甚至在康德那里找到了一个位置，如果仅仅是采用我们的判断力主观公理的形式。也可能存在着例外，但我们不能怀疑这个目的的原理会帮助我们扩展关于自然的知识。这不是柏拉图主义，但它是一种形而上学，也就是说，为一门科学（*episteme*）进行一种可能的奠基，而这门科学可以把存在的结构揭示为，物理学可以从其中得到支持的那种存在。

伽达默尔：我的确已经理解这些，但是我还必须对此进行反思。开诚布公地说，它使我不安，因为柏拉图和亚里士多德相距遥远，还没有联系在一起，即使我在持之以恒地努力证明这种关联。

多托利：在这一点上，我想要问，您对柏拉图和亚里士多德的思想的澄清，是否并未给我们提供新的可能性？即，在对话的基础上再次从事形而上学问题研究的新可能性。是只有图宾根学派和它的意大利追随者向我们提供一种可能性呢，还是除了您刚才提到的那个可能性之外，还有其他可能性？

伽达默尔：毋宁说，事情是这样的，我必须说，这是两件（79）完全不同的事情。一方面，您提出的问题非常漂亮：我在形而上学的名目之下理解的是什么。它是这种情况吗？好像一切事物都趋向一个目的。或者，有可能是其他情况？对此做出的回答，完全有别于如果您接受图宾根学派的柏拉图阐释就会紧随而来的回答，这一点我们讨论过了。我可以把这两个回答合在一起，这只是因为您正在这样做。尽管对他们尊敬之至，但是，我发现图宾根学派做的事情完全不值一提——尤其是在与形而上学有关的问题上。这件事情做得糟糕至极。这就好像亚里士多德的同事——他们赞同他撰写最后的研究，而且期待着从这最后的研究中得出最后的真理——是亚里士多德本人一样。然而，使用某些人从公元前1世纪的地下室里发掘出来的几行文字来论证形而上学的真理，这真是愚不可及啊。就像我看到的那样，图宾根学派教导我们，我们最终也必须以这种方式开始解读亚里士多德。也就是说，把亚里士多德的笔记解读为显然是为准备讲座课程的笔记，而不是为著书立说的准备。这是耶格尔探讨过的东西，那是不错的，即使总体上他的观点被夸大了，所以它最终步履蹒跚。伦理学——无论它一直是什么别的东西——都是某种耶格尔不能合理解释的东西。无论如何，这是我们今天能走到的最远的地方了。这也就是我对于图宾根学派完全提不起兴致的原因——他们实际上在继续普罗克洛（Proklos）的工作，而这也是一开始一切事情就被扭曲的原因。这当然糟透了，但是在这里还有两件事情要讨论。一个是我所谓的“形而上学的思想”，因为我只能以理性的方式准备好一个超越的概念。我要说的是，我们必须清醒地意识到这一点——这是今天哲学的任务。说到这一点，我还有第二个想法，哲学是在为全球对话准备一个地基，我们必须利用这个机会发展对话，否则，我们将会茫然不知所从。

多托利：要发展一场各大宗教之间的世界历史性的对话，还是别的什么？

伽达默尔：一场各大宗教之间的对话，这当然是因为的确存在着数种伟大的世界宗教。但是……实际上不是在各宗教“之间”。我想您会正确理解我的，我只是想表达得更加小心翼翼。不如我来问您吧，这些宗教是如何理解启蒙的？（80）即使现在，您看，我也清楚，同样的事情绝不会遵从例如日本的世界观，就像它遵从我们的一样。它实际上就是这样，在超越的经验这个巨大链条之中，只有一种经验在我们的状况中得到了挽救，确切地说，那就是加尔文主义。

多托利：“在我们的状况中”，您这么说是指北欧？——也许还应该包括北美，北美仍然存在着一种开放的可能性。同时，在您看来，用恩斯特·云格尔（Ernst Juenger）的术语说，日本“越过了”虚无主义的“底线”吗？

伽达默尔：当然。没有任何确定的东西来自日本——没有任何东西值得一提。我想再说一遍，总体上，人们必须一开始就提出问题，指出我们不应该把这场对话理解为一场宗教的代表之间，或者哲学家之间——例如，在维特根斯坦和我之间，或者维特根斯坦和海德格尔之间——的对话。这些做法什么都完成不了。它们只是一些微不足道的小小的适应（kleine Angleichungen）。我可以迅速地迫使我和晚期维特根斯坦保持一致，但是我绝不会那样做。我可以轻而易举地说：“你看，我真的和晚期维根斯坦完全一致，如出一辙，我把那个称作解释学。”

多托利：您认为——就像人们常常说到的那样——语言游戏的概念很容易被看作是和解释学循环的概念相吻合吗？也许这就是您能够接受语言游戏这个概念的原因吧。

伽达默尔：我接受语言游戏的概念和个体性的概念。任何其他东西都不会起作用。理想语言的概念在维特根斯坦本人看来是站不住脚的。正因如此，关于形而上学话语的对话的可能性问题，我不得不给出的第一个回答是在不同的世界宗教之间的对话，哲学应该为这场对话做好准备，因为它在每个人身上都发现了我们称为“超越”的那个伟大链条的一个要素。问题是，这些宗教自身的对话是否是可能的，我们是否（81）能够通过超越哲学的讨论而现实地抵达这种对话。我这样说是因为，我确信我们身处一种走投无路的境况。事实上，它就是一种纯粹的科学认识的片面性的必然后果。我们可以合情合理地好好利用自然科学，但是我们能够借助于这种真理概念来解决我们的一切问题——比如出生与死亡，历史与生活的目的等——这种观念荒诞至极。它既不在这里，也不在那里。……当然，没有任何东西出自于它。

但是，我们也不能简单地把这些问题撂在一边。如果要我现在对图宾根学派做一个回应，那么，我首先会说："我们自己是如何可能知道这一切的？"就此而论，我自己思考一切是如何可能的？像往常一样，显而易见的回答是，"上帝的意志"。但是也许我们可以说出更好的东西，甚至在某种程度上，关于新柏拉图主义也是如此。例如，我们不能掩盖如下事实，我们不能简单地废除新柏拉图主义。因此，对我们而言，超越是一个很好的表述，我们用它才能说，我们不能肯定在彼岸之物（Jenseits）中有什么，或者事情就是这个样子。我们所有人都不能说我们控制了这种彼岸之物。关于许多事情，我们什么都不能说——关于出生、生命和死亡的神秘。也许我们很快就学会了如何处理（kriegen）前面两个问题。也许出生再也不是一种神秘，而是完全处在生物基因工程的把握之内的某种东西，而我们的确已经在鸡蛋上做实验。

但是，据说科学在这种情况下也不能抵达终极之物。也许在我们看来，不是所有东西都可以变成人造的（kuenstlich），因为那是降低我们作为人的地位的东西。生育和母亲身份真正存在于女性的本性之中，这种身份和人造物之间的区别已经开始引人注目。这就是我为什么要怀疑它是否会以完全相同的方式被接受。

这些考量的结果是，首先，我认为，维特根斯坦被不公正地阐释为一个虚无主义者。我也不相信，对他来说，一切都只不过是语言游戏——这不是最关键的事情。最关键的事情是，维特根斯坦对于诸如生与死这样的事情总是避而不谈、三缄其口。我认为，他真的为这些问题保留了地盘，但可以肯定的是，他从来没有完全摆脱他作为天主教教徒的童年阴影。

（82）**多托利：** 所以，维特根斯坦绝不是虚无主义者。那么，您如何看待卡尔·波普尔（Karl Popper）和他的柏拉图阐释呢？

伽达默尔： 在波普尔的情况中，滑稽的是，据说他总是否认超越。我们必须就他的柏拉图阐释表明自己的立场，我就这样做了，尽管不是富有成效，尤其是在美国不够有成效。在科学中永远不存在一致同意，甚至是在它的概念问题上也是如此，以至于科学研究歧异纷呈，聚讼纷纭，我认为这是极为美妙的事情。波普尔还是一个年轻人的时候，就是一位优秀的逻辑和论证方面的理论家，我对他相当满意。但是后来，我再也不可能对他满意了。我认为，如果一个人承认他必须专心致志于“超越问题是不可或缺的”这个命题，那么，他就再也不会踏上波普尔的道路并与之结伴偕行了。这和他个人没有什么关系，但是人们再也无法在这个基础之上对他说什么了。

多托利：既然我们讨论了您在当代思想中的位置，听到您关于当今那些伟大思想家的判断，那么，我们下面可以转向19世纪的伟大哲学家，并且首先集中于一位与柏拉图和亚里士多德一样经常出现在您的哲学当中的思想家，我指的是黑格尔。

伽达默尔：啊，黑格尔啊！我必须说一句肺腑之言，我对他一直毕恭毕敬，今天我仍然如此。但是在那个时候走在正确道路上的不是黑格尔，而是谢林，海德格尔也一直是这样理解这一点的。您还记得海德格尔在马堡他自己主持的一次讨论班上的陈述吗？“请您给我指出黑格尔哲学中的一个命题，它达到了谢林这个句子‘因无而生的畏驱迫着被造物远离他们的中心’具有的深度。”

多托利：是的，你屡次三番引用海德格尔的这个说法和谢林的句子。这段话出自谢林的《论人的自由的本质》，对吗？

伽达默尔：是的，正是。不管怎样，我一开始想说的是，在黑格尔哲学（他以清教徒的方式阐释自己）和谢林哲学之间的区别，似乎出现在如下事实之中，即谢林——尽管他对基督教做过哲学的（83）阐释——最终仍然是一个基督徒。然而，黑格尔——尽管他并没有扬弃（aufheben）基督教，他仍然是一个基督徒，但他是一个基督教新教教徒——通过纯粹的自我反思而最终不再认真对待启示了，这和布尔特曼（Bultmann）极为相似。

多托利：您认为，在黑格尔那里，我们正在掏空基督教启示的真实内容，或者说，我们获得的是一种哲学阐释，这种阐释依照扬弃（aufheben）这个术语的三位一体的意义——它的意思是 *tollere*（举起）、*conservare*（保留）和 *elevare*（提升）——把基督教的启示扬弃在他那无所不包的思想之中，是吗？他认为他能够把启示的内容（我们把启示称作超越）吸收（aufheben）进思想的运动，也就是说，使这二者如影随形，以便解释它、阐释它……

伽达默尔：但是您要看到，这种超越实际上是一种更为根本的东西。没有一种东西比形而上学更相信，它拥有一种反抗一切的真理——我们任何人都不会拥有这种类型的真理。我们必须说，我们谁也不认识一切，但是我们以另外的方式学会了信仰，确切地说，这是因为在某一时刻或者别的时刻，我们所有人都在想方设法变得熟悉了——暂且这么说——生命和死亡的奇迹，就像我们熟悉我们自己的生命一样。事情就是这么简单。那么，什么是哲学呢？它是一种知识，它受到了极大的限制，而且有多种界限约束着它。正是因为如此，我们形成解释学，也因如此，我们要有对于这些界限的超出（Hinausgehen）。这种情况同样适用于海德格尔——我们永远不会知道存在（Sein）是什么。它似乎总是一个 *topos*（处所），一个无法获得的、永远不可抵达的位置。这是它在《存在与时间》中起作用的方式：我永远不会知道关于存在的任何东西——也许我真的只能把关于它的东西认作 Ereignis（发生－事件），但是也许这也不能，因为每一个 Ereignis 从根本上说都是不可把握的、不可规定的……

多托利： 就此而言，你是否认为，所谓的"转向"（Kehre）是一种回转（Zurueckkehr），回过头来转向本源，或者转向《存在与时间》的原初的因素？

伽达默尔： 当然，回转到存在，而存在实际上被思为超越，因此，它显现为 Ereignis（发生－事件）。因为它不是任何东西，而只是存在把它自身呈现给我们，或者通过时间显现为和我们关联在一起，因为时间构成了追问存在问题的视域，甚至显现为存在自身的意义。（84）存在通过时间而和我们联系在一起，这种关联，亦即 Ereingnis，一直是无法理解的，因为存在就是超越。

多托利： 在这里，我不得不再次向您提一个问题。在《康德与形而上学问题》中，海德格尔本人把超越与有限性等量齐观，因为他认为我们是有限的，正是因为我们被迫使着超越经验的领域。这一思想正是康德的超越概念或者认识的超越性的基础。由于它的有限性，我们的知性必须坚持把经验领域中的这些关系点（Bezugspunkte）当作认识的可能的条件，而这就是对我们的感官经验的最初超越。现在既然我们在谈论黑格尔，我们是不是可以这样说，在黑格尔那里，尤其是在他的《逻辑学》中，我们拥有一种彻头彻尾的超越性，它还把历史、宗教和艺术包括在内，并对它们做了一种应有尽有、面面俱到的阐释？

伽达默尔：这就是我会格外小心的地方。事实上，这就是为什么我更加看重谢林，他抵达了“无法忆及之物”（Unvordenklichen）[1] 这个概念。我认为，这也适用于黑格尔。然而，在黑格尔的私人生活中，他很明显地一直是一个清教徒，而他也在他的理论中明显地呈现出这一点，只是没有公开挑明罢了。

多托利：当然。那么，我们是否可以说，在黑格尔对于基督教的拯救学说做了面面俱到的阐释的意义上，他的立场是一个彻头彻尾的清教主义立场，但是这个立场拒绝承认任何居间者、任何外在的权威或者任何教会。这种面面俱到的解释只以 Logos（逻各斯）

① 字面上的意思是“不可－提前－思考的”（the un-pre-thinkable），das Unvordankliche 有时候很容易被更加亦步亦趋地从字面上——尽管更加笨拙地——翻译为“the unpremeditatable”。——英译注

为自己的定向，或者只允许他自身受到逻各斯、思维的指引？或者说，在黑格尔的思想中还为某种不是逻各斯的超越保留了地盘吗？我们在谢林那里看到有这样一个地盘。但是在黑格尔那里也有吗？

伽达默尔：在黑格尔那里，是的，我认为黑格尔在这里选择了回避。他不愿意直接回答问题，也就是说，他会与这个问题保持距离。

多托利：但是，在黑格尔那里，我们在《精神现象学》的结尾获得了绝对知识。也就是说，在意识的发展历程于它的历史经验中走到这条漫长的道路之尽头的时候。

伽达默尔：这一点无疑蕴含在他的精神哲学的结尾之中，（85）但是甚至逻辑学也反反复复地假定了一种人的提高的可能性。黑格尔认为人能够改善。在逻辑学中，他认为人的基本的行为就是绝对知识。毕竟，绝对知识是与艺术和宗教一起出现的，而艺术和宗教也是绝对的。也就是说，它们是与绝对一起出现的，一个并不是步另一个之后尘。这种关系当然不同于它在谢林那里的样子，但也不是完全不同。它不是那种理念，即我们必须在科学之中解决一切问题。

多托利：因此，绝对知识（Wissen）就是从有限的精神方面而言的对于绝对的知晓（Wissen），而有限的精神既意识到它的有限性，也意识到提高它自己的绝对可能性。

伽达默尔：是的，而且它再次把我们引向这种特殊类型的认识，它就是*phronesis*、智慧。我们应该在这里阐述一条基本的原则，或者如果你愿意，阐述一个第一命题——*phronesis* 显然根本上是实践哲学、伦理学的全部发展中最重要的展开。我们必须进一步确认，这就是于古希腊历史开始的时候在伦理学中所有的一切。首先是皮浪主义，然后是怀疑主义，再后来出现了柏拉图主义。但是最终，同样的东西再次出现。因此，这意味着，我们在这里必须再次牢牢记住，超越不是在任何地方都可以达到的。超越并不单纯是对于上帝的信仰，相反，它是某种无法理解的东西，而这也同样适用于黑格尔。这就是我们今天能够说出的一切。这也同样适用于雅斯贝尔斯，他把这种形式的超越和他的思想融合在一起。而且，它甚至适用于海德格尔。这就是我们自己（我和海德格尔）有段时间里能够与雅斯贝尔斯取得广泛一致的原因。我必须说，这就是在雅斯贝尔斯那里我欣赏的全部东西——这些东西出现在他的那三大卷《哲学》之中，尤其是那本论述克尔恺郭尔的漂亮小册子和论述尼采与基督教的那本书——然而，不是那本关于尼采的著作，后者是一本无关紧要的书。[1] 所以我基本上同意雅

① 雅斯贝尔斯关于尼采的两本著作是《尼采：对于他的哲学思考之理解的导论》和《尼采与基督教》，分别收入《雅斯贝尔斯著作集》第 19 卷和第 20 卷。——中译注

斯贝尔斯所说的，无知（*ignoramus*）是超越的基础。

多托利：那么，*ignoramus*（das Ignorieren）是有限性吗？

伽达默尔：它就是我们没有得到允许去超越的那种有限性。因此，我认为，我们可以从这里得出结论说，期望从任何一种可能的虚无主义形式中得到什么，这是错误的，（86）无论它是斯大林主义，还是别的什么主义，它们没有一个可以起到好的作用。我们必须坦承，人性察觉到了，它四处瞻望着某种不同的东西。形形色色的宗教构成了对于这个问题的五花八门的回应。职是之故，我们也必须要学习，以这种方式和那些不同的人生活在一起。

多托利：然后，就可以达到我们之间的相互理解吗？

伽达默尔：我刚才说的"以这种方式"的意思是"带着尊重"。我们必须学会达到互相理解和互相尊重。我认为，我们也不可能解决从人的权利问题中出现的各种难题。例如，如果看到想要定居在德国的华人不能恰当地适应我们的国家体系，那么，我们就必须洞见到，他们从来没有我们意义上的宪政政府，我们务必要考虑这一点。然而，我并不认为，这就构成对于"我们必须设法达到相互理解"这一观念的反对。

多托利：既然我们现在作为哲学家在讨论我们将来的道路和等待我们的东西，那么，您如何看待海德格尔在《明镜周刊》(*Spiegel*)的采访中提及的"最后的神",以及他的断言"只还有一个上帝能够救渡我们"?您认为他这样说是什么意思?

伽达默尔:我现在还不想表达关于这一问题的看法。我只知道这样一个存在事实,即如果说最开始,任何社会或者历史中都存在一个"占统治地位的东西",或者说一个"支持什么"或"反对什么"的东西,那么,这样的东西也都是虚构出来的、完全可以不加考虑的——这一点应该毫无疑问。所以,关于彼岸之物如何满足它自身,或者无知(*ignoramus*)如何被克服,而不是不断增长,我们一无所知。职是之故,我认为,就海德格尔而言,他会一以贯之地坚持天主教教会的学说,而不是前后矛盾。我们在我们的成见之中被暴露于彼岸之物面前。无论是否死后有来生(Weiterleben)或者类似的东西,海德格尔既不想接受它,也不想否认它,这和我别无二致。真正善良的天主教教徒对此三缄其口。有一次,有人问起瓜蒂尼(Guardini)这方面的问题,他说,他相信会和已经死去的他所爱的人——比如他的妻子——团聚。这就是他看待这个问题的方式,这很好。因为对他而言,不存在任何独断的东西,而是只有这种团聚。

(87)**多托利:**所以,这只是一个与对于这种学说的阐释相关的问题吗?还是,我们想要在阐释之中达到真正的福音书?对布尔特曼来说(就此而言,对新教福音派而言也一样），仍然存在着启示以及一种死后的生命。

伽达默尔：实际上，布尔特曼在瓜蒂尼的纪念讲话中应该详尽地谈到过这一点。说到启示，问题在于，他是否没有用他的解释完全歪曲了它。

多托利：你指的是他对于《约翰福音》的导言部分的阐释吗？布尔特曼认为它是新柏拉图主义的赞美诗。

伽达默尔：不，他处理的不仅是导言部分，而是整个《约翰福音》，布尔特曼是根据新柏拉图主义来解读它的。我认为他后来抛弃了这一点，但是我还是不清楚，他实际上处理的是不是一种反思运动的过程，而不是别的东西。因此，我不能说，布尔特曼是否可能止步于和黑格尔一样的立场，而这当然不同于谢林的立场。当然，在布尔特曼那里，我们信仰的东西是人在福音中的实存，而不再是黑格尔的绝对知识。但是，问题是，绝对知识本身是否并非阐释启示宗教——基督宗教——的内容的原则。依照黑格尔的看法，它是以表象的形式表达这一原则的。但这无非是实存哲学（Existenzphilosophie）称为“信仰”的东西，或者至少说，是对于启示的一种确定内容的信仰，而它想要阐释这一内容。

(88)

第六章

伦理学和政治学

多托利：伽达默尔教授，今天我非常想向您提出的是哲学和政治之间的关系问题，而且想和您一起彻底解决这个问题。在20世纪60年代末期，由于学生运动的兴起，这一问题变得炙手可热，而您和哈贝马斯之间的争执也正好可以回溯到那段时期，他在苏尔坎普出版社出版的那本《解释学与意识形态》（*Hermeneutik und Ideologiekritik*），把你们的争执公之于众了。意识形态批判的问题多多少少也是对一直存在着的政治环境和一般而言的所有合法权威进行批判的问题。正因如此，在我们来到政治问题之前，我迫不及待地想问，您和哈贝马斯之间的关系是如何开始的？毕竟，这一关系持续了很长时间，而且对你们俩来说，彼此都扮演了重要的角色。

伽达默尔：哈贝马斯实际上是我本人发现的。这件事情根本上是源于我想要为《评论》(*Rundschau*)[1]杂志获得一份关于马克思主义及其全部文献的详尽无遗的报告。相关文献汗牛充栋、浩如烟海，但是哈贝马斯的报告由两个部分组成，文章没有被写成长篇累牍、冗词赘句的样子，相反，它言简意赅，要言不烦。令我印象深刻的是，他完全剔除了政治的评论，而只追求逻辑的论证,也可以说是,技术上可以证明的论证。

多托利: 您指的是他的著作《社会科学的逻辑》(*Die Logik der Sozialwissenschaften*)吗？它起初是作为《哲学评论》杂志的特刊而发表的吗？

伽达默尔: 是的，就是这本著作。这原本是我的倡议,而我确定这就是我们需要的东西。然而,一开始,我和勒维特之间就产生了巨大的冲突，因为首先我很难使他接受哈贝马斯。勒维特实际上想要阿佩尔，但是我说，“不，我宁可要一个做出了我们不能做出的事情的人”。阿佩尔已经有一定的知名度，他是个非常严肃的人，也是罗塔克尔(Rothacker)的学生，就像哈贝马斯一样——差一点我们就把他召来了。但是，这一次我捍卫了我自己,(89)坚定地支持哈贝马斯。促成这件事情的也有其他因素。事实上，在一段时间里，更早的学术生活的一个特征是，人们不需要写作教授资格论文。例如，海森堡就是这种情况。

---

① 指《哲学评论》杂志(*Philosopischen Rundschau*)。——中译注

多托利：海森堡，那个著名的物理学家，他只写了博士论文，而没有写教授资格论文吗？

伽达默尔：不，不是那位物理学家，而是他的父亲。他的父亲曾经在一所学校教授东方学，获委任到慕尼黑大学教书而没有教授资格论文。通过我的父亲和我的熟人，我非常熟悉某人没有获得教授资格而直接接到任命的说法。这就是那个时代发生在优秀教师身上的事情。因此，我为哈贝马斯进行了斗争，我真的想让这个提议获得通过。勒维特终于大发慈悲说，“如果你想让事情这样发生，也许它终归是对的。我再也没有任何反对意见了”。但是在我看来，真正的要害在于让全系允许哈贝马斯考核学生，指导博士论文，授予学位，等等。[1]于是我说：“您信任我吗？如果您信任我，请允许这种值得尊敬的古老制度屹立不倒。”后来我才得知，霍克海默和阿多尔诺也曾经为哈贝马斯发生争吵。阿多尔诺也许是太左了。不管怎么说，霍克海默是一个好教师，这一点和阿多尔诺不一样。

多托利：也许是因为阿多尔诺说得太多了吧？

伽达默尔：但是，那个年代，他写得非常棒，与他的讲座适成对照。另一方面，霍克海默的讲座出类拔萃，几乎完美无瑕。在所有的事情上，他们出于政治的理由而发生争吵。霍克海默不想接受哈贝马斯的

---

① 哈贝马斯向我们逐字逐句确认了所有这一切。——作者注

教授资格论文——他那篇关于公共领域的论文。[①] 这本著作实际上并不怎么有哲学味。无论如何，在我逐渐了解他的其他著作之后，我发现《社会科学的逻辑》非常棒。于是我设法说服自己，他的哲学实际上并不沉闷无趣。我还发现，那个不同意我的人肯定不是勒维特，相反，应该是哈贝马斯，（90）哈贝马斯总是立场鲜明、不遗余力地反对我。遗憾的是，他在海德堡只待了三年半——从 1958 年到 1962 年。这不是由于他反对我；恰恰相反，我首先努力争取的事情是，那些和我共事的人应该是这样的人：他们也会和那些反对我的人共事。这完全不适合勒维特的情况。任何一个人，在把他自己和我紧紧地拴在一起以后继续和勒维特共事，就会发现他这人令人生厌。相反，通常习惯了勒维特的人会发现我不可理喻——比如科什勒克（Koselleck），他主要是和勒维特共事。

多托利： 那么，哈贝马斯是跟随勒维特获得学位和教授资格的吗？

伽达默尔： 不，不。他是跟着我获得学位的。后来，他跟着这位历史学家做教授资格论文。

多托利： 那时候哈贝马斯身上有什么吸引您的地

---

① 这里指的是后来变成了名著的《公共领域的结构转型》（*Strukturwandel der Oeffentlichkeit*），第二版（美因河畔法兰克福：苏尔坎普出版社，1962 年，1990 年）。——作者注

方吗？——除了他对马克思主义谙熟于心这一事实。当然，马克思主义当时是一种时髦的哲学。

伽达默尔：令我着迷的是，他在应一份哲学杂志之邀撰文讨论相应的哲学文献之时表达政治意见的能力，但不是参与政治宣传的能力，而是相反，展示那些理论中的许多缺点的能力。我最近重读了这部著作，我再一次发现他做得恰到好处。人们也可以看到，他如何称得上是孺子可教。然而，从那时起，他就频频陷入各种事务。当然，并非开始时一切都风平浪静。他在权威的问题上向我发动攻击，尽管他很快在那场战斗中败下阵来。因为我只需对他说，“你是什么意思呢？我说过的一切不过是，人们不能诉诸权威。人们有权威，但是人们从来不能诉诸权威——这就是权威发生作用的方式”。然后他理解了它，精神分析现在也是以这种方式起作用。

多托利：谈到精神分析，哈贝马斯那个时候认为，他能够把我们从无意识的权威形式中解放出来，这种形式的权威在我们的心灵的无意识中生效，抑制我们，使我们处于不自由的状态。在这种意义上，精神分析和意识形态批判具有同样的解放力量，也体现同样的功能。

伽达默尔：是的，非常相似。我也曾经说服他放弃这种观念。(91)“说服放弃”也许并非恰当的表述。我不相信他会因为我而放弃这两种观念，他是比较明智的，而且，他也是可教之孺子。然而，我想说的是，我并没有从他那里学到很多东西，因为他很快去康斯坦茨（Konstanz）另谋高就了。如果他在海德堡待的时间更长些，兴许我还能够从他身上学到一些东西，因为我也从学生那里学到很多东西——即使这些是间接发挥作用的。这有点儿类似科什勒克的情形，如果哈贝马斯在那里待的时间更长些，我确实能够从他那里学到一些东西。

多托利：我们还有第三个主题要加以讨论。第一个主题是对于权威的批判——哈贝马斯认为，哲学的反思应该是对于权威的批判。第二个主题是精神分析，我们由此学到了，一个人如何拆解无意识的权威或者社会的强制。第三点是对于真正的生活的期待。哈贝马斯宣称，解放性的反思是德国观念论的遗产，它教会我们如何通过期待真正的生活而释放我们内在的天性。您认为（我不知道您是否记得）这就是浪漫主义，而哈贝马斯则坚信，您是站在浪漫主义这一边的，因为通过您的“权威”和“传统”这两个概念，或者说，至少是通过传统的权威和价值，您恰好坚持浪漫派的保守的方面。

伽达默尔：是的，是的，我非常熟悉这些。但是，哈贝马斯在投身于法权哲学的主题和卷入美国人关于基本法权的讨论之后，就再也不那样想了，而且他再也没有那样说过。当然，他体会到，法权规范的合法化在多大程度上建基于它自己的法权传统的力量之中。

多托利：所以，他本人也意识到了传统对法权规范的真正权威的法律化的价值吗？

伽达默尔：是的。我认为，他现在克服了对由文化传统的历史力量承载的权威进行批判的问题。他再也不会那样说话了，他再也不会从这个视角出发批评我了。

多托利：就我知道的而言，阿佩尔现在非常烦他，因为他不再批判伽达默尔了。然而，更早的时候，哈贝马斯一直坚持这种对您的批评，他总是认为，权威只能通过（92）批判，尤其是通过对于意识形态的批判才能被合法化，而意识形态批判正好可以代替解释学。在他的眼中，如果解释学走向政治的保守主义和传统的绝对权威，它就会陷入停顿。

伽达默尔：我知道，我知道。这一切开始于在曼海姆（Manheim）举办的一次会议，他和汉斯·阿尔伯特（Hans Albert）及我的几个学生（其中包括弗克曼－施鲁克［Volkmann-Schluck］）都出席了这场会议，这两个人把一个完全错位的权威概念归咎于我。它和我用“权威”一词所说的意思毫无干系，而这也就是我如此激烈地拒斥它的原因。从我的角度出发，我反对他们通过提出“您拿什么反对权威？您怎么可以在这种完全外在的意义上反对权威，就好像权威只是外在的强制？”等问题而做出的断言。但是现在，在他有了所有这些经验之后，我想他从那种权威观念之中解放出来了。权威当然不是外在的强制，而是这样一种东西，它已经完全渗透进共同的习俗、实践、立法和革命中，而且以它最终被一个社会的所有成员接受的方式设法抵制批判的破坏性力量。我只是想要尝试指出，权威是如何逐渐通过历史建立起自身的，我想要说的是："您不应该假装知道权威是如何在历史的进程之中出现的——您不可能知道这一点。只有在您意识到您实际上获得一定的权威之时，也许您才对权威略有所知。"

多托利：这也就是人们在美国提出来反对他的那些异议的意义，他实质上从中学到了不少东西，不是吗？法律、习惯（Braeuche）和习俗（Sittten）把它们自身合法化了，并且顺理成章地把它们的权威也合法化了，对吗？

伽达默尔：当然。就此而言，我经常援引的那条原则也适用于此："任何诉诸权威的人都绝不会有权威。"权威将自身合法化的方式，和习俗、习惯以及从它们当中形成的法律将自身合法化的方式如出一辙。但是，所有这些批评和论战只会从政治斗争的激烈化中形成。同时，这种斗争现在是明日黄花，所有这一切都成了明日黄花。

多托利：那么，您如何看待他的思想的进一步发展呢？也就是说，他的交往行为理论（die Theorie des

Kommunikativen Handelns)。(93)它引出了他的哲学的一个新阶段，我们也可以把这个阶段看作是他的后马克思主义的阶段吗？在就《解释学和意识形态批判》一书进行论争的时期，他就已经提到交往技能（Kommunikativen Kompetenz）这个概念，而您也对之进行过批评，您认为交往行动的概念是他的交往技能概念的进一步发展吗？

伽达默尔：是的。事实上，在我看来，随着我那个时候就批评过的交往技能概念的提出，他的思考实际上在原地踏步，停滞不前。而我批评它，就是因为它结合了行为在社会中获得的角色——就像存在着一种语言的–交往的技能，人们获得这种技能的方式与人们获得社会角色的方式别无二致。这就是我反对交往技能这个概念的原因。

多托利：但是，难道这个概念不是源自乔姆斯基（Chomsky）的语言的技能（sprachlichen Kompetenz）的概念吗？也就是说，乔姆斯基区分了言语行为中的技能（competence）与执行（performance），由此把通过母语而获得的语言的技能和语言的行动区分开来。

伽达默尔：也许我们能够在这种意义上谈论语言的技能，就像乔姆斯基所做的那样，即使这个表述并不适合我。但是，它的意思无非是一个人获得母语的能力。此外，如果有人想要认真对待这一点，那么，交往技能的意思无非是指进行对话的能力。但是这只是一种个人的能力，甚至是一项个人的任务。然而，如果它结合了社会行为角色的获得，那么，它就变成了一门技术和一个社会中的一项确定的社会因素。但是，我们在这里不再处理真正的、个人的交往，而这种交往和母语的使用一样是自由的和个人的。相反，它变成了某种社会学的对象，也就是说，变成了对于行为角色的社会因素的一种科学考察的对象，它的知识却把它放在由社会工程师处理的位置上，而正如我说过的，社会工程师“只是生产，但并不解放”（nur herstellt，ohne freizustellen）。

多托利：这一批判与另一批判并行不悖，批判他对作为意识形态批判之模型的精神分析的考察，它会（94）把我们从我们行为的破坏性因素——我们可以把这些破坏性因素追溯到内在的强制——中解放出来，就像意识形态批判把我们从外在的强制中解放出来，对吗？

伽达默尔：当然。同样的原则也适用于这里。分析师站在合适的地方就是一个医生——如果他在实践中接纳了那些需要帮助的病人并试图帮助他们的话。但是，如果他走出他的实践范围，在正常的社会交往过程之中，像追问病人一样追问他同伴的行为的无意识因素，以便把他们从可能的意识形态混乱中解放出来，那么，他就放弃了他作为社会同伴的角色，而变成了一个人们会避之唯恐不及的无所不知的主体。他也就会复归于那个只想要生产，但并不想解放的社会工程师的角色。

多托利：因此，您认为，哈贝马斯借助他的交往行动理论仍然在某种程度上坚持一种非批判的科学概念，这种科学概念使得他仍旧建立在知识社会学的基础之上，并令他不可能以正确的方式从事哲学，对吗？

伽达默尔：在我看来，关键在于，他在海德堡时就有了一种真正的批判理论的概念。实际上，他的批判理论并非来自马克思主义。相反，正如他自己所承认的，它来自于德国观念论的反思具有的批判力量。这就是我相信，而且时至今日我仍旧会说，真正的问题是“在他离开之后，他要做什么”。他聚精会神于社会科学。就是说，他在做一件在我看来完全微不足道的事情。换言之，这件事情只触及全体选民，而不是人类本身。他在做马堡学派早就一直在做的事情，这就相当于说：“看啊，我多么正确！”他们只是取悦傻瓜和年轻人。就我的理解而言，新康德主义一直在做的论证是，“科学向我们显示事物”。这就是哈贝马斯所坚守的东西，尽管他的意思是，“科学会给我们带来真知灼见”。

多托利：换言之，科学会给我们带来关于真正的生活的真知灼见，或者对于真正生活的期待。

伽达默尔：这就是我反对它的原因，不是同样反对真正的（95）生活，而是我发现，认为可以通过一门科学而说这些，真是太罗曼蒂克了。就我所见，也正因如此，他者在一个完全不同的层面上开始发挥作用，也就是说，在对话的层面，而不是在和社会－政治的目标相关联的层面上。然而，我由于以下事实而深感欣慰，即至少他没有在我们的哲学刊物上说这些，他只是对文献进行报道和从事批判，而并不追求政治的目标。

多托利：所以他的错误估计是，他一直相信科学会解决这些问题，科学可以达到这些目标，在这种情况下，他不得不触及全体选民，而非人类本身，是吗？

伽达默尔：是的，但他触及的只是一部分选民或者说公共领域。他甚至没有触及学术青年。他本人非常值得敬重，不是吗？在“68 事件”突然爆发之时，他并没有盲目地站在学生这边，而是有勇气称呼他们为“极端左派”。顺便说一句，这个词是他自造的。在杜撰在政治上具有影响力的名言方面，他总体上是一个旷世奇才。同时，我们清楚地看到这个事件是如何收锣罢鼓的。非常清楚的是，人们不能让学生进行一场如火如荼的革命，但却让工人心如止水。当然，那也不会起作用。我对这段时间发生的事情记忆犹新，我的几个同事对事情是如何爆发的这一点着实非常感兴趣，他们说，“如果学生爆炸了，我现在一点儿也不吃惊……”

多托利：所以，哈贝马斯也洞见了学生运动成不了什么事吗？

伽达默尔：是的，当然。他对时局的看法总体上能够使他看到，他们不会成什么事的。首先，他们是知识分子，在这个意义上，他们实际上根本不是搞运动的人。其次，作为知识分子，他们认为他们能够对人民或者工人阶级发表演说，而且他们妄自尊大。我在海德堡时对他们有些经验，我记得一个故事——我不知道当时您是否在附近……

多托利：是的，当时我就在现场。

伽达默尔：一次，我走进报告厅，要作一次讲座。这时，一个女学生站在讲台上，说她从（96）全体学生那里来，来这里是为了告诉我们，全体学生已经决定罢课。于是，我说，“噢，是吗？这很好玩嘛。现在，无疑，您是想告诉我的学生您在为谁工作吗？”然后，整个报告厅开始哄堂大笑，而她也转身落荒而逃。

多托利：如果我们现在可以不考虑学生的抗议活动以及它的失败（哈贝马斯本人意识到了这一点），您认为在科学把握社会问题的可能性方面，他是在自欺欺人吗？而正是因为这样，他才不能影响公共领域的意见，是吗？

伽达默尔：他真的相信，人们只有通过科学才能达到社会的变革。而我却总是认为，它不会以那种方式发挥作用。如果我可以用以下这种方式表达的话，那么，在某种意义上应该说，我们需要的东西是重新拥有大量的人口以赢得某种国家的感觉。这就是我们必需的东西和我们在某种意义上实际已经在中产阶级中间拥有的东西。我们当然有大量的公民，但我们正在讨论的是在“无产阶级”和“资产阶级”之间出现的紧张关系。在东欧剧变之后，我们现在必需的东西是工人阶级的“资产阶级化”——如果可以这样命名它的话。这就是正在发生的事情，工人可以得到很高的薪酬，以至于人们不再称呼他们为无产阶级。

多托利：在您看来，这些事情是如何发生的？

伽达默尔：噢，我想说的是，取消阶级对立的需要是双方自然就有的。但是，在DDR（德意志民主共和国），它是通过暴力来完成的。SPD（德国社会民主党）通过暴力而结为一个组织，社民党的所有成员都是通过一项法律而成为共产主义者的——它甚至以讲演的方式发挥作用。在这种情况下，无产阶级不会逐渐意识到社会总会朝向一种经济繁荣的局面不断发展，而这种观念是路德维希·艾尔哈德（Ludwig Erhaard）和瓦尔特·奥伊肯（Walter Eucken）的学派建立起来的。瓦尔特·乌尔布里希特（Walter Ulbricht）[①] 从来都不能理解，我们能够通过这种方式达到消除贫困的状

① 瓦尔特·乌尔布里希特（1893—1973），德国政治家、共产主义者，德国共产党领袖，“二战”后德意志民主共和国（东德）元首。——中译注

况，而且，我们完全不应该否认他获得的成功，因为现在美国在这方面都不能和我们并驾齐驱。

多托利：因此，您认为，人们需要这种无产阶级的“资产阶级化”，(97) 以便让无产阶级获得自我意识？

伽达默尔：事实上，这种自我意识之形成是因为，无产阶级获得了更高的工资待遇，并且因此而获得了更好的生活条件。如今，我们几乎再也看不到这种情况了，无产阶级以旧的无产阶级的方式发泄对于富人的仇恨。美国也已经以自己的方式避免这一点。但是，美国是通过残酷的经济方式做到这一点的，因为它允许穷人变得更穷，陷于穷困潦倒、道德败坏的状态。现在，在德国，我们再也付不起钱的事实有可能变成更大的灾难。

多托利：什么不再需要支付薪酬了？

伽达默尔：我们不再有能力为学生付钱了，我们再也做不到了。有很多人思考过这一现象，所有人都会立刻高声尖叫起来。人们能够理解这一点，因为它导致一种新的、变得越来越糟糕的萧条状态。另一方面，人们必须说，只要父辈和工人家庭能够有比较体面的收入，他们就仍然能支付学费。在莱比锡担任大学校长期间，我本人仔细地研究过它。在那里，我必须向俄罗斯人提供辩解，每招收一个留学生就需要一个单独的理由。而如果(拖欠的)事情发生在教授身上，就几乎是毫无希望了。

多托利：我认为，您在莱比锡任职期间写了一篇讨论在职学生的文章。你在这篇文章中努力传达一种什么样的想法？

伽达默尔：我只是想，我们可以通过扩大公共教育和培训来解决这个问题。实际上，不存在所谓的“工人－学生”，当时的人们这样称呼他们。我很快就掌握了这一情况，于是我坚持要撰文讨论它。被提名获得大学入学申请的那些人不是工人阶级的孩子，相反，他们是工人中最有知识的人。

多托利：所以，在德意志民主共和国那里的情况和我们在学生运动中遇到的情况极为相似——学生领袖都是知识分子，跟工人根本没有任何关系，是吗？

伽达默尔：是的，在那里，他们也被称作“工人”，但是他们实际上并非工人。（98）他们实际上是中产阶级的孩子，他们厌烦了高中，因为他们从没有过青春期，而他们在十五、十六岁的年纪就进了工厂。所以，这些人是“工人学生”。当然，为了上帝的缘故，我们不能随心所欲、口无遮拦地说出自己到底是什么人，而这种现象骇人听闻地世界化了——而我意识到了这一点。

多托利：大学接受了他们，是因为他们是所谓的工人，还是因为人们那样称呼他们？

伽达默尔：是的，正是如此。他们总是能够获得一个人通过他们的家庭和社会地位而享受到的这种类型的优惠条件。但更重要的是，人们能够现实地而非抽象地做出可以造成这种局面的事情，以至于这些优惠条件并不具有绝对的决定性。从实践上说，在我们德国发生了工人阶级趋向消失的状况，这是极为重要的——和意大利的情况截然相反，意大利还没有完全妥善地克服这个问题。

多托利： 无论如何，南意大利没有。意大利北部的情况已经和德国极为相似。在意大利北部也还是有区别的，例如，在意大利的东部和西部之间。威尼斯、隆巴迪和艾米利亚－罗马涅等地现在是意大利最富庶的地区了。不仅已没有失业状态，相反，那里所有的外国工人都来自斯拉夫国家（斯洛文尼亚、克罗地亚和阿尔巴尼亚）和北非。

伽达默尔： 现在，对我们到现在为止所做的所有事情而言，失业问题是其中最关键的。它还没有得到解决。美国人做过的事情——也就是说，为那些陷入贫困状态的人提供少得可怜的支持——实际上是不可能的。但是，我们能做的事情（这也是美国人正在做的事情）是在内部，在企业内部组织工会。在一个效益良好的汽车公司，薪水并不是由一个官僚性质的、议会性质的工会委员会决定的，而是通过这种方式决定的：如果公司挣了很多钱，那么，薪水必须也要水涨船高；同样，如果他们看到他们没有竞争力，薪水也会降低。我认为，美国的劳工组织形式中的这种差异具有典范性。我们也必须建立起这种工会。它的确能够为个体创造出新形式的责任。实际上我不能对此做出判断，我在经济学方面（99）所受的教育远远不够。但是，我从对这两个国家的发展过程的观察中学到了不少东西。他们今天有大量的东西，也许是我们应该刻不容缓地择善而从的。试图通过一群办公室工作人员和通过用工人的钱向其支付薪酬的那几个人而说服所有人，这不会起作用的。我们的工人压根儿就不会去说服，他们对此无话可说。一切事情都委托给了别人。我们整个的政治系统都官僚化了。我们对我们的选举体系持极为严厉的批评立场，它亟须采纳美国的或英国的路线进行改革。我们必须回到这样一种观念，即只有从一个地区选举出来的人，而不是从某个办公室的某份名单中获得提名的人，才能组成一个政党。只有这样，一切事务才可以在政党内部做出决定。我现在谈论的只是德国社会民主党（SPD）。

美国的社会民主制起到了更好的作用，是因为首先，它把工资调整或者工资纠纷地方化了；其次，选举体系也地方化了。我不能判断在我们这里类似的情况是否可能。还有很多问题超出我的理解能力范围。但是，我能够清楚地看到，无论以这种方式获得的是什么东西，它都能导致在经济和政治之间的更强的调整。我要说的是，这二者都必须改变自身。那么，第一点是，工资纠纷必须被地方化；第二点是要有真正的地方性的议会名单，以至于人们能够认识一个地区的议员。我基于我自己的长期经验而逐渐地把这两点联系在一起——无论达到的是什么状况，人们必须拥有经济和政治之间的一种更紧密的联系。

多托利： 如果我们现在回到您和哈贝马斯发生冲突的那个主题，那么，您会说什么来结束那个时候发生的这一冲突？

伽达默尔： 我尊重哈贝马斯的地方首先在于，同样的规则本质上适用于我们双方——我不理解他的地方，也是他无法理解我的地方。我不能理解他的任何东西。尽管如此，我仍然要说，我在他身上发现了一种非常值得尊敬的和高尚的乐于学习的精神。我认为，我从和哈贝马斯打交道的过程中获得的最宝贵的经验是，我们对话的尝试向我们指出，我们必须互相学习，我们俩在讨论中使用的论证（100）不能被推得太远，因为它们来自于对方。但是，他从我身上得到的和我从他身上得到的东西一样多。他不会把我当作一个政治人物，我也不会把他当作一个政治人物，不过，他仍然是一位政治思想家。我不想说我没有政治的天赋，也许我展示过这一天赋，尽管是在完全不同的环境中。我在莱比锡担任大学校长期间的确显示了这份天赋。事实上，也许我还有从事政治外交的天赋，多亏这种天赋，作为第三帝国的一个遗民（Ueberbleibsel），作为一个有责任阻碍“人民的”莱比锡大学（的发展）的人[①]，我才能毫发无损地离开莱比锡。现在，那里整体的状况完全颠倒过来了。最近，我从莱比锡大学接受了荣誉博士学位，尽管同时他们的教育水平已经每况愈下。

多托利：您不是说，哈贝马斯普遍的实用主义和您的解释学对话的哲学基础本质上是同一个吗？

伽达默尔：我只知道，在他最初的评论中，他以心无芥蒂的眼光看待我的各种基本思想和错误，而且他开始表达自己时显得谨小慎微。我尤其知道，我们之间的个人关系不再存在着任何困难。但是我仍然要说，他从根本上说不是一位哲学家。他从根本上说是一位政治思想家。

多托利：我们可以在这里结束我们最初的问题了，但是我们要重新追问，政治和哲学没有任何干系，哲学和政治没有任何关系吗？或者不如说，哲学在政治当中扮演什么样的角色呢？

伽达默尔：当然，在一种给定的情况中，哲学能够行使它的批判功能。当然可能存在着大量的批判，但是，政治不是一种通过学术（Wissenschaft）就可以获得的东西。正是因为如此，在我看来，修辞学具有

---

① 伽达默尔所指的大概是，1947 年，他在担任莱比锡大学校长期间，曾经想方设法制止政府对大学实施的意识形态控制。——英译注

举足轻重的地位——不过是以柏拉图曾经看待它的方式。为了改变世界而从事政治，这毫无意义。伯利克里能够掌握权力的那个时代已经远去。人们能够提供建议，人们能够为某种具体的东西而全力以赴，但仅仅是作为一个公民、作为一个社会成员。而作为一个哲学家，人们也可以说，“我在这里仰望星空”。对柏拉图而言，政治是那种江河日下的民主制，而不是那种志存高远的民主制的产物。最后，他只是试图给我们提供建议，(101)指出民主制中荒谬离奇的东西。《理想国》是为叙拉古人写的，不是为雅典人写的。

(102)

第七章

传统与解放

多托利：哈贝马斯指责您是保守主义，因为他认为解释学的焦点是首先指向传统，而传统会简单地把权威合法化。传统是在社会中或国家中占优势的力量，因此它很容易倾向于威权主义。与此对立，德国观念论的批判性反思教导我们，通过预期真实的生活来消除社会和国家固有的本性。您如何看待这种指责？

伽达默尔：当然，我非常乐意承认，我们那一代人是在威权主义的条件下成长起来的，但是我想要说的是，我们那一代学到了很多东西。也就是说，我属于其中的那一代人仍然记得古老的普鲁士国家正常的等级体系（der Staendestaat）。在我还是普鲁士的一个儿童的时候，甚至还存在着仍然起作用的根据收入多少而参加投票的权利，这是一种以三个等级为基础的选举。在那个时候，我的父亲，一位化学家和大学教授，有很高的收入和薪水，在我们居住的叫作布勒斯劳（Breslau）的那个地区的选举日，他会回到家中，并且说，“对我来说，今天回到这里非常重要。事实上，我会起决定性的作用，我在上层等级中排名第三”。他从来不是一个极端右派——在魏玛共和国时期以前，他一直是一个国家主义者兼自由主义者（ein National-Liberaler）。

多托利：那个时候，人们是根据他们的财产或等级而进行投票吗？

伽达默尔：是的。但是，我不再确切地记得它是怎么操作的。那些都是我童年时代的事情了。但是，显然，我们侧耳倾听我父亲回家时所说的每一个字，他非常满足，因为他做得很好，而且自认为“是第三号人物”。上层等级极其稀罕。

多托利：上层等级也许就是土地所有者吧？

伽达默尔：不，不，它是由像我父亲那样的最高官员组成的等级。还有尼赛尔先生，他既是一名教授，又是一位商人，当然，比我父亲有钱得多。由于缺乏家庭财富，我父亲只有通过他的机构（因为他收到的薪水）才变得有钱。我们虽然（103 ）精打细算，但却生活于一个您现在可以在各种版画中看到的那种小城堡里——它美妙绝伦，幻如仙境。

多托利：住在那里不是会费用高昂吗？

伽达默尔：一点儿都不昂贵。如果我们不出钱雇用员工，这栋房子就会变得绝对无法居住。里面没有中央供暖设施，只有两个非常大的火炉。直到战争爆发之时，我才知道，为了保持房屋的宜人和温暖，我们在冬天应该要做些什么。园丁早上来得很早，点上两个大火炉，所以，天亮时，到处都同样温暖，而且那种温暖足可以延续到晚上。所以，在那里生活间接地费钱。当然，它的租金并不高昂，否则，还有谁愿意住在那里呢？只有有钱支付那些勤杂工报酬的人才能在那里居住。于是，我们雇用了两个仆人和一个园丁。没有他们，这栋房子根本不宜居。否则，我们就不可能居住在那里。

感谢上帝，我在很年轻的时候就获得了博士学位。一个人写作他的博士论文不能太早，也不能太晚。否则,它根本就不能完成！（伽达默尔笑了。）无论如何，事情就是这样的。因此，就我而言，我非常清楚我必须做什么。我必须说服我父亲，“即便您不停地在我生日之时赠送给我那么多的植物学、动物学著作以及类似的书籍，也不会造成任何影响——我对它们毫无兴致。实际上，我想去剧院看戏，或者读莎士比亚之类的”。在战争期间，我们再也没有能力点亮所有的炉子了。所以，突然之间，我的工作室只能转移到大大的餐厅中，他看到了扔在那里的我在阅读的东西。让他非常苦恼的是，这些书是莎士比亚！

多托利： 在您看来，您在其中成长起来的那个社会是一个威权主义的社会吗？

伽达默尔：主要是一个军国主义的社会。我本人对此不甚了了。我们学校的老师都是预备军官。有人说他们是所谓的“志愿者”（Freiwilligen）。您知道他们是什么人吗？

多托利：不，我不知道。

伽达默尔：嗯，那是人们完成了“一年”时的称呼[①]，就是德国九年制中学的六年级。如果有人服兵役，成了一名所谓的志愿者，（104）那么，在他拿了高中毕业文凭（Abitur）[②]——甚至你还没有拿到它——的情况下，他就再也不需要在部队中待两年，而是只需要一年。无论如何，它就只是“一年”——那是个真实的目标。所以，他们有时候甚至免除工人阶级的孩子几年读书的时光，设法得到他们所谓的“一年”。从我儿童时期起，“一年”这个词对我就是如此不言而喻，就像今天极为流行的任何一个词。那些完成了“一年”的人在任何时候都可能会应召入伍，就像今天他们在瑞士做的那样。如果一个人接下来做了教师，那么，他在教书时仍然会得到偏爱。

多托利：所以，军事训练对成为一名教师是重要的。

---

① “一年”（das Einjaehrige）是比较低的毕业标准，这原本是一年的志愿军所必需的。——英译注

② 高中毕业文凭是进入大学所必需的。——英译注

伽达默尔：教师都是预备军官。如果爆发了战争……一夜之间，老师全部上了战场，就只有那些令人讨厌的老学究担任我们的老师。尽管并不总是这样——我曾有一位极为出色的古希腊语教师。1914年过了一半的时候，战争爆发了，所有的教师（包括这位古希腊语教师）都必须开赴前线，而且，他们不会回来了。我现在想要说的是，实际上这就是军国主义繁殖的方式。我们在一所好学校，一所很好的学校。那个时候，巴伐利亚没法跟我们相提并论，因为那个时候，任何从巴伐利亚或者南德意志来西里西亚上高中的人都不得不至少降一级。所以，在我们这里，学校的教学质量非常高——当然，也有一定的局限性。在战争爆发的时候，也来了很多破旧的老爷车[①]。但是，我们的确有了一位非常好的古希腊语教师。事实上，我成为一名古典语言学家的理由是，海德格尔看到我的古希腊语学得非常好，即使我还没有（从大学里）学任何东西。

多托利：因此，那是一个威权主义的和军事化的社会。那么，在哈贝马斯说他把您看作是那种保守主义和军国主义的产物时，他是正确的吗？

伽达默尔：是的，那是一个军事化的社会，很明显，情况就是这样。我作为一个少年熬过了1913年——

① 这是一个比喻，比喻那些令人讨厌的老学究。——中译注

那一年，我十三岁，当时，所有的报纸都被莱比锡的拿破仑战争[①]占满版面，而且一切关于它的描述都极其客观，有据可查——有多少雇佣兵，有多少人倒下了……我甚至（105）能够在一堂地理课上体验到军国主义。在老师开始谈论多哥（Togo）时，他会说，“是的，这是一个很小的殖民地，下一次有机会，我们也会把这个地方收入我们的囊中”。这位老师是一位殖民地官员，他在地理课上就会做这种评论。

多托利： 哈贝马斯说您来自一个威权主义社会，他是正确的吗？

伽达默尔： 当然，事情还可能是别的样子吗？事情就是这个样子的。但是我很欣赏它，如果你让我说说我的情况—— 1918 年，解放来了，我在读莎士比亚，而不是植物学或动物学书籍这一事实成了新时期的一个征兆……

多托利： 真的吗？事情是怎么变成这样的呢？

伽达默尔： 我正在尝试着告诉您，尽管发生了那一切，我是如何逃避甚嚣尘上的军国主义的，并没有发生什么特别的或新鲜的令人振奋的事情。虽然有屈指可数的几个例外，但是，我的所有亲戚都是预备军

---

① 1913 年，莱比锡竖立了一个纪念碑，纪念 1813 年 10 月在莱比锡发生的战争。在这场战争中，普鲁士的军队和盟军一起打败了拿破仑。——英译注

官——那就是为什么根本上有一个上层等级。我说过了，一方面，糟糕的事情是，在1918年以前，除了在很多院系有许多年迈而又厚脸皮的学究之外，我们没有得到任何东西。在基础学科中，情况尤其是这样。当然，学习古希腊语是我特别强烈的愿望，且它的情况要好得多。但是，被认为应该和学习古希腊语并行不悖的世界观之灌输完全是老式的。我可以向您举一个这方面的例子吗？我们阅读希罗多德（或许是修昔底德？我记得不是很清楚了，但是我相信是希罗多德），他在描述斯巴达人的家庭教育时提到，男孩和女孩一起赤身裸体地参加体育运动。问题是："这样做好吗？"我们必须学会说"不"。情况就是这样的——那是一种完全过时的教育，以至于连优秀的教师也必须忙于这种道学家的迂腐说教。无论如何，就是在那个时间点，我很快就把我自己解放了。当然，对我来说具有决定性的因素是特奥多尔·莱辛的一本关于亚洲的书，书中精确地描绘了所有这些关于进步和工作效率——暂且这么说——的乐观主义，是一种完全片面的定位、片面的与世界的关系，这种定位与儒教和亚洲其他国家的宿命论完全对立，它代表了一种特殊的全球主义的傲慢（106）——当我们现在说美国主宰世界之时，我们把同样的全球主义的傲慢归给了美国。

多托利：他是对的吗？您站在他的那一边吗？

伽达默尔：他当然是对的。也正是因为如此，我决定在我的余生里不再让自己屈服于这种求取纯粹效率的激情（diesem reine Leistungspathos）。是的，我当时确实把自己解放了，而我不是绝无仅有的那个人。我认识的许多学生在和我一起黾勉前行。我的父母亲是绝不可能听得下这种事情的，但是作为大学生，我们受到了它的启蒙。特奥多尔·莱辛绝对是绝对正确的。也就是说，他正确地、批判性地拒绝接受道德主义的、资本主义的社会的这种缺点。接下来，革命来了，然后，选举也来了，我在布勒斯劳大学的第一个学期听了来自四个党派的声名卓著且出口成章的演讲者的一些演讲。每一个政党都提名了一位优秀的候选人。

多托利：这些事是发生在魏玛共和国时期吗？

伽达默尔：就在共和国建立前不久，在选举期间，或者说，在为选举做准备的期间。不，这不是为了选举，而是为了对全体学生进行政治教育。这是全体学生的事务，因此，他们邀请了许多著名的教授。我们首先邀请了一位赞成马克思主义的教授，然后又邀请了一位赞成社会民主党的教授、一位赞成自由主义的教授和一位赞成保守主义的教授。我发现他们所有人在许多事情上都不偏不倚、客观公正，而我却在两个最终选项之间犹豫不决。

多托利：是在自由主义和保守主义之间吗？那么，哈贝马斯认为您出于保守主义的背景，就是对的喽？

伽达默尔：我的确出自那样的背景。但是其中还有比那更多的东西。我后来转到了马堡，在那里最吸引我的人是谁呢？理查德·哈曼（Richard Hamann），他实际上是一个社会民主党人。

多托利： 保守主义和自由主义之间的区别是什么？

伽达默尔： 保守主义者对于皇帝很友好，而自由主义者非常痛恨皇帝。

多托利： 这是唯一的区别吗？

（107）**伽达默尔：** 您是说“唯一”吗？这个词可是意味无穷啊！我父亲一直和那些预备军官交往，但是，他对他们却极为挑剔。

多托利： 令尊大人是保守主义者，还是自由主义者？

伽达默尔： 他可不是什么保守派噢，不是，他的英雄是俾斯麦，而不是威廉二世。1895 年，我父亲在弗里德里希鲁庄园手持火炬为俾斯麦庆祝八十大寿[①]。这就是为什么另一方——也就是说，宗教的一方，这

---

① 弗里德里希鲁（Fridrichsruh）庄园是俾斯麦从 1871 年到 1898 年他去世时一直居住的地方。1871 年，俾斯麦出任宰相，他被赐予以前利普伯爵（Graf Friedrich zur Lippe）拥有的城堡。这座宫殿位于萨克森森林之中，靠近石勒苏益格－荷尔斯泰因的劳恩堡。自从 1890 年退休之后，俾斯麦就在弗里德里希鲁庄园继续发挥余热。1895 年，在俾斯麦八十大寿之际，德意志帝国议会拒绝以官方的名义向他表示祝贺。这就导致有人定期前往弗里德里希鲁庄园朝圣，这种朝圣具有圣徒崇拜的特征，因此手持火炬（它的来源是旧货店）。——中译注

后一方占据了另外那些中产阶级地区——不适合他的原因。他的心目中唯有俾斯麦。

多托利：所以，在您对所有派别都充满热情的时候，您认为四个党派的候选人说的基本上是同一回事。

伽达默尔：不，不，不是一回事。我只是说，在所有人中，在四个党派中，都有素质很高的人。社会民主党是冯·比波斯坦（Freiherr von Biberstein）男爵或其他类似的人。但是一个自由主义者最让我着迷。这是一位来自耶拿的经济学教授，也是一位杰出的演说家。他演讲的内容给那时还是个十九岁的大学生的我留下了深刻的印象，从那时开始，我就有了这么一个人做坚实的后盾。后来，我到了马堡，我很快获得了解放。哈贝马斯认为的那种保守主义和我是格格不入的。

多托利：但是，也许我们能够说保守主义者和自由主义者这二者具有同样的权威概念，这种权威概念会导向威权主义，对吗？

伽达默尔：不，根本不是这样。哈贝马斯的错误在于他没有理解，这不是权威的概念，而权威概念诉诸的那个会导向威权主义的东西。但是，他没有理解这一点。因为权威会被用作一个论证的基础，所以，你会拥有威权主义。我们有威权主义，（108）但是，我绝不会去做这种事情。因为他那时不理解这个区别，所以他一开始就掉进和抗议运动所犯的同样的错误之中。他只是在这次失败的经验之后充当"事后诸葛亮"而已。

多托利：所以，有一种权威来自全体同意，而另一种权威只是来自社会强制和权力？

伽达默尔：更恰当地说，一种权威只是来自于社会强制，而另一种权威来自于自己的决定。

多托利：而那种权威是一种得到承认的权威吗？

伽达默尔：是的，但是，它不只是得到承认。我们回到前面的话题，自由主义者是这样一些人，他们捍卫他们自己的与执行强硬路线的保守主义者、帝国和军国主义相对立的立场。和所有的德国国家主义者、各种类型的爱国主义和进步主义者等一道，我父亲也反对那种强硬路线。但是，俾斯麦属于某种不同的类型。如果俾斯麦没有被他的皇帝解职的话，世界历史也许会出现不同的局面。也许第一次世界大战就不会发生。这场战争应该归咎于在这块土地上无人有能力执行一项审慎的外交政策。奥地利——由于弗朗茨·费迪南大公在巴尔干半岛遭到暗杀——也属于这个语境之中。他们在任何时候都可能重新造成一场全球性的灾难。

多托利：那么，俾斯麦是真正得到承认的权威的一个例子吗？

伽达默尔：他是一个例子——这主要是因为，尽管威廉二世大权在握，可是俾斯麦在那时候可以独立于威廉二世正在准备做的事情之外，而威廉二世准备做的事情最终导致了盲目的军事入侵。

多托利：那么，这是一个可以表明权威和权力之间——拉丁语中 *auctoritas* 和 *potestas* 之间——的区别的例子。哈贝马斯那个时候没有认识到这个区别。

伽达默尔：是的，我认为他没有认识到，或者，也许他认为我始终知道这一点。情况也可能是那样。但是无论如何，他那时对我的误解是如此之深，以至于他造成了自己的彻底失败。我非常详细地记得，有一次，我们在曼海姆的一次宴会上共进晚餐时，他上前和我搭话，又提出了关于权威、传统等同于权力的话题，而当时有很多人（109）（其中甚至有我的几个学生，其中包括弗克曼－施鲁克）一下子还不明所以。但是，最后，我取得了辉煌的胜利，因为我告诉哈贝马斯："您已经以颠倒的方式看到决定性的东西。它关涉的并不是，我们把来自传统的东西看作是真实有效的东西，相反，它关涉的是我们如何独立地形成一个判断。"但是，哈贝马斯令我印象深刻的地方在于，他并不在这方面固执己见，最终他承认我有一定的权威。当然，他相信灌输是明显错误的。如果哈贝马斯本人是个彻头彻尾的保守派，那么，权威实际上就会成为某种东西。因此，我不读送到桌边案头的报纸，相反，我会读那些工人读的东西。

多托利：当您说您那天晚上取得辉煌的胜利时，

您具体何指？

伽达默尔：最终，他实际上明白了一件事情——他有理解的极限。现在我不认为他是一个革命派，而是认为他是一个批评家，一个自由派的批评家。

多托利：那海德格尔的情况如何？他会站在哪边——自由派的还是保守派的一边？

伽达默尔：这很难说。他绝不可能是军国主义者。

多托利：即使他一度推崇军方，他也不是军国主义者，对吗？他在“一战”期间也不是军国主义者吗？

伽达默尔：对，在“一战”中不是，在“二战”期间也不是。

多托利：但是他在“一战”期间也应征入伍，成了一名战士呀。他在“二战”结束之前不久也应征入伍，当时法国人已经越过德国的国境线，人们认为他应该和预备队一起保卫弗莱堡。

伽达默尔：是的，但是这些经历对他来说没有任何重要性。是的，他在“一战”时应征入伍了——那是对的，但是时间极为短暂。他患有心脏病，所以他很快就退伍了。我们还是不要谈论这些吧——人们对他的私生活议论得太多了。

多托利：后来把他引向国家社会主义的他的妻子，原来也是一个自由主义者，甚至还参加了第一波女权运动，是吗？

（110）**伽达默尔：**还有比那更糟的，她是一个教皇派（Welfin）。你知道那是什么意思吗？1866年，在标志着普鲁士的终结和导致德意志帝国成立的德奥战争之后，教皇派就是反对帝国的人。汉诺威和德意志北部的许多省份想要继续成为英国的一部分（那时，英格兰的国王是汉诺威的国王）。在整个普法战争期间，在这些军事力量之间有一种很紧张的状况。在普法战争的第二阶段，只有俾斯麦的外交天才才有可能使它们进入联邦（就像南德意志各邦国一样），而德意志帝国的成立——包括人们在巴伐利亚邦仍然能够看到的那些特殊的法律——就是源自这个联邦。因为过去在那里一直有国界——甚至有一段时期，在诸邦国之间都有国界。现在，教皇派是指那些从来不承认这种被迫归并到一个普鲁士实体状况的人。例如，我太太就是一个教皇派——一个热心的教皇派。所以，一个教皇派拒绝这种形式的普鲁士军国主义、传统主义和保守主义等。他们把它看作是一种强制。人们用一个尽人皆知的中世纪的术语"Welfen"来指代那些人，因为他们发起抵抗运动，而且在帝国议会（Reichstag）中有一个自己的政党。这就是威斯特伐利亚人，威斯特法利亚的居民。我太太是在那里出生的。在她看来，任何来自普鲁士的东西都是错误的。

多托利：如果海德格尔的妻子也属于这个政党，那么，赫尔曼·默尔欣（Hermann Moerchen）报告的东西和萨弗兰斯基在他的海德格尔传记中再次采纳的东西就是不正确的。亦即，她叛离了最初的自由主义而向国家社会主义投诚，她的丈夫也唯她马首是瞻，对吗？

伽达默尔：相反，他就是那样做的。除此以外，她是一个真正的妻子——作为妻子，她在她那个时代名副其实——她对她的丈夫言听计从，毫无例外。这一点是绝对肯定的。然而，她为人极不灵活，而这一点可能遭到了误解。有人曾经向我描述一个特殊的插曲，我没有理由对之表示怀疑。海德格尔有一个助手也是犹太人，有一次，海德格尔太太做了几条极具反犹主义色彩的评论。稍后，有一天晚上，这个助手去找海德格尔，对他说："您应该知道我是犹太人，如果（111）您想除掉我，那么，就请动手吧。"海德格尔摇了摇手，说道："那件事情不会改变我们之间的任何东西。"由此可见，他绝不是一个反犹主义者。

多托利：他妻子是一个反犹主义者吗？

伽达默尔：上帝啊，不！——我们离题万里了。她只是喜欢和任何人说三道四。她是一个聪明的女人。但是，您也不应该贬低中产阶级的作用，他们不应该免除在所有这些事情上的责任。说到反犹主义，主要的问题是要头脑冷静地从外部来看待它。您必须看到，我能够——尤其是在西里西亚——看得清清楚楚的东西是什么，当一群天赋极高的犹太人源源不断地从东部，尤其是从波兰和俄国迁进德国的时候。那简直就像是一股洪流，它大大加重了一种因他们而起的焦虑，而非一种对他们的同情。我有很多犹太朋友，他们是最早一批问我“听着，这种情况还能持续多久”这个问题的人。其中一个朋友甚至对我说：“我听说，外交部的代办是一个犹太复国主义者。这会变得对我们极为不利。”事实上，正是雅各布·克莱因对我说过，“我们将会因为这一点而遭受一种反犹主义的迫害”。——或者这种迫害正在密谋之中，因为在那些日子里，人们一直猜想这件事情会发生。

多托利：这位研究古希腊思想中的数学和逻辑斯谛的学者是一个犹太人，并且是您的朋友吗？

伽达默尔：他当然是一个犹太人，列奥·斯特劳斯、勒维特以及我在马堡的很多同窗好友和同事也都是犹太人。感谢上帝，我和他们所有人都培育了友谊。我从来没有哪怕一瞬间上过希特勒的当，因为我告诉我自己，投票支持那些反犹主义者从来都不是我的可能的选择。反犹主义的立场包含着一套令人作呕的论证，因为它只对人性最坏的方面讲话。

多托利：那海德格尔太太呢？她在某种程度上不是参与了反犹主义吗？——即使她是一个教皇派。

伽达默尔：至多，她只不过和别人就此说长道短。在某一方面，我们一直是完全相同的——在那段时间里，我的言行举止从来没有模棱两可。无论如何，但凡海德格尔说我正在毁灭他的哲学规划，她都会为我辩护。当然，不仅是我，而且所有哲学家都是如此。他在不断地和纳粹分子联系，所有人都认为他（112）已经丧心病狂。在他铩羽而归之时，他唯一可能的反应是厉声斥责我们——他有一种深深的幻灭感。他因为过于高尚、正直而在三个季度以后就放弃了大学校长一职。我感到抱歉，但是，恐怕在九个月之后就心甘情愿地放弃校长职位的人并不多见。所以，人们对待海德格尔事实上是非常不公正的，没有把这一点考虑在内——如果一个人连一年的最低任期都不想忍受，而且在那之前就辞职不干，那么，它应该意味着某些东西吧。而其他一些人关心的事情——他告发同事以及诸如此类的事情——我相信，他在这些问题上也许应该更加谨小慎微，因为在那种情况下，人们可能会因为任何一句话而受到特别的关注。我的意思是，我必须说（尽管从我个人的经验出发）一个充满间谍或者类似事物的世界是多么不可言喻地愚蠢。我想我告诉过您，我在莱比锡那段时间里的一些故事。

多托利：在您担任莱比锡大学校长期间吗？

伽达默尔：不，是我在那里担任教授，而不是担任大学校长的时候，当时纳粹还在台上。您必须理解，那段时期人们争先恐后地告密揭发，而在我看来，这实在是愚不可及——从根本上说，不值得认真看待这件事情。但是，有一次，出现了一个真正的告密事件。一个女学生就我的一次讨论班写信给她没有参加那次讨论班的女友说:“我今天和伽达默尔在一起。你是否会相信他的确说了‘所有的驴都是棕色的’这句话?”当时,这封信的收信人的父母都是纳粹分子。她把这封信扔在地上,她父母看到它,读了它,然后有人在校长面前告发了我。于是,我被请到校长办公室,他和我一样并不是纳粹的同情者,但是,他对我说:“我亲爱的同事,您怎么会说‘所有的驴都是棕色的’,以此公开反对棕色衬衫*呢?你这样说是什么意思呢?”我回答说:“你不懂。我只是用中世纪的著名例子来解释亚里士多德三段论的大前提。‘所有的驴都是棕色的,布鲁内尔鲁斯是一头驴,所以,布鲁内尔鲁斯是棕色的。’对中世纪的哲学家而言,所有的驴都是棕色的,布鲁内尔鲁斯是他们经常使用的一头驴的名字。”于是校长做了记录,说:“伽达默尔教授只是用一个中世纪的例子解释三段论的大前提。”校长和我(113)心理攸同,而莱比锡大学的纳粹分子寥寥无几。那里有反纳粹的抵抗运动的中心,著名的圣托马斯教会,您今天仍然可以去那里参观。那时,那里甚至会张贴几张反纳粹的海报。

多托利: 纳粹难道不知道这些事情吗?他们没有针对这些事情采取什么行动吗?

伽达默尔: 教会——尤其是天主教教会——是受

---

* 此处暗指纳粹准军事组织“棕衫军”。——编注

到军队保护的。所有人都知道，由于阵亡者和战士自身的原因，军队一直需要教会的帮助和安慰。为了达到这一目的，他们还签订了协议，但是当然，它不能超过某些特定的界限，因为人们有可能被指责在政治上利用天主教。

多托利：所以，有一项这样的法律，人们可以据此被控诉为政治的天主教徒吗？

伽达默尔：是的，是有这样一项法律。在政治上利用天主教会受到惩罚。

多托利：为什么？是因为国家社会主义认为教会力量太大吗？

伽达默尔：是的，当然。协议是双方妥协的产物。人们会利用在教会之中发生的与女性相关的全部事件来反对教会。后来，他们甚至在新教教会内部上演了一出著名的审判新教神学家的戏剧。但是也有一些审判是因为在新教教会内部发生了一些令人啼笑皆非的事情。最初，每个教会都因为性欲而发生一些令人尴尬的事情——当然，在意大利也发生过。（伽达默尔微微一笑。）对犯了罪过的教士提起的诉讼，都通过这样的协议而得到了解决。实际上，就是对被认定犯了这些错误、犯下这些事的人进行敲诈。但是，那时也有对这些违反者进行赦免的做法，处处都存在赦免。但是，仍然有人会被控诉在政治上利用天主教。那个时代的我极其天真。我对所发生的这一切一无所知，但是我有一位朋友——一位清教徒同事，一个来自于南德意志的教士——给我解释了事情之原委。

（114）**多托利：**我们还是回到我们由之出发的反犹主义问题吧。在这一点上，您说，我们必须首先毫无成见地反思这一现象。您谈到中产阶级的责任，我们不能完全为他们开脱。您还谈到社会中受教育的阶层之间出现的对抗，谈到每一次犹太人大规模地向德国移民时造成的恐惧。您能跟我们多说点这方面的事情吗？我们今天仍然存在着同样的大规模移民问题吗？少数民族仍然处在相应的艰难处境之中吗？他们还会给移居的国家带来许多相应的问题吗？

伽达默尔：我经常绞尽脑汁以应对这些话题，我认为，我们在处理一个非常棘手的问题。我们不能在以下事实上欺骗我们自己，即少数民族的成员（即使我们不谈论犹太人）总是盲目地不离开他们的少数民族团体。我父亲习惯说："我没有什么要反对犹太人的。如果我有一两位犹太人同事的话，那非常好。但是我再也不能忍受三位犹太人同事了，因为，（在这种情况下，）我们的大学不想再接受任何非犹太人。"在很大程度上，他是正确的。马堡就是一个这样的例子。我们那里有很多犹太人，他们都是好人。奥尔巴赫是犹太人，我没有在他身上看到任何晦气（Unglueck）。埃里克·弗兰克也是一个犹太人。哲学家雅各布·克莱因、勒维特、列奥·施特劳斯等都是犹太人，考古学家雅各布斯塔尔、语言学家雅各布森等都是犹太人。

多托利： 雅各布森，那位著名的语言学家，也在马堡吗？他也是个犹太人吗？

伽达默尔： 是的，当然。他们所有人都在马堡。只有在自然科学领域不是这种情况，但也还有其他几位也在那儿。但是在我们这里，逻辑是这样展开的：如果已经有三个在职的犹太人，那么，除了犹太人，别人就不能来了。但是当然，这不仅适用于犹太人，而且也适用于其他少数民族。这是一个规则，它使得每一种少数民族都抱团。也正是因为如此，对这条规则感到困惑的人提出的反对意见，似乎同样是自私自利的。职是之故，它与人们在和它发生关联时使用的夸张的修辞一点儿关系都没有。当然，我承认，反对少数民族是不公正的，无论它什么时候落入大众（115）或者大众媒体之手，都会令人作呕。你知道，我经历过"水晶之夜"[①]……

多托利： 您真的经历过？它给您留下了什么样的印象？

伽达默尔： 我当时在马堡，居住在一座简陋的房

---

① "水晶之夜"是指1938年11月9日至10日凌晨，希特勒授意纳粹势力袭击德国和奥地利的犹太人的事件。当夜纳粹暴行过后，遭受洗劫的地方到处是破碎的玻璃，于是人们将这血腥的一夜称为"水晶之夜"。它标志着对犹太人的有组织的屠杀的开始。——中译注

子里。住在我楼上的是一个下层的中产阶级家庭，他们为人和善可亲，饲养了许多可以产丝的昆虫，还有蝴蝶。那个丈夫有很多机器，是昆虫产丝必不可少的工具。他住在我的楼上，我们之间建立了友好的联系。他的第一任妻子多才多艺，绰约多姿，八面玲珑。只是她对照顾孩子并不是很上心，所以在他的第二次婚姻中，一位年轻的女子占据了她的位置。她是一个很友善的女人。一天晚上，她来我家，充满绝望地冲我叫道："博士先生（那个时候我已经取得博士学位），您听见我说话了吗？他们纵火焚烧了犹太教堂！"这种以戏剧性的方式精心策划的狂热运动使得每一个德国人——也包括这一家——都怒不可遏。我至今仍然相信，那种场景真可谓卑鄙无耻、骇人听闻。

多托利：您的那些犹太朋友的反应是什么？他们怎么样了？

伽达默尔：我说过，在 1933 年整个事情开始以前很久，我就有一些真正的犹太朋友。首先是勒维特，后来是考古学家雅各布斯塔尔，哲学家埃里克·弗兰克，还有奥尔巴赫，他也是我的好朋友——他们都是犹太人。我还有一位早期的学友（Studienfreund）雅各布·克莱因。他在柏林生活在一个声气相求的小圈子中间，他和他们一道从事哲学研究。当然，在希特勒攫夺了权力以后，这一切都消失了。他后来来看望我，于是，我邀请他和我一起住。他和我一起度过了他在德国的最后两年。实际上，他住在桌子底下！那也不是特别困难的事情，只是人们太愚蠢了。如果我现在只是想要讲述，我是如何能够做到仅仅保持为一个全职教授，而没有加入任何政党的，那么，我可以讲得极其简明扼要：我读过马基雅维利。马基雅维利有句名言："敌人的敌人就是我情同手足的朋友。"我遵照这句名言，（116）屡次三番地原谅那些带着坏的良知加入党派的人——而不是像大多人一样，由于永远正确的"勇敢"而和他们一刀两断。不，一开始，我试图很认真地对待那些学者，这也是我后来来到莱比锡的原因。（伽达默尔开心地笑了起来。）我实际上没有以斤斤计较的方式这样做——我做得极其自然。我也是在那个时候和布尔特曼结为知交，这也帮助了我，因为作为一名神学家，他声名卓著。所有这一切不仅帮助我来到莱比锡，成为一名全职教授，而且支持和帮助了我的朋友雅各布·克莱因。

(117)

第八章

风暴眼中的哲学

多托利： 那么，这是怎么可能的呢？反对在总人口中占绝大多数的人民的意志是如何可能发生的呢？

伽达默尔： 一方面是无知和这样一个事实，即没有人认为这种事情可能会发生。另一方面是有……军国主义，也许这个词太粗俗了。总而言之，就是与之类似的东西。习惯于服从命令的人是不会赞成它们的，他只会执行它们。这就是服从的本质。这就是现在使我如此忧心忡忡、一筹莫展的东西。在一种更深层的意义上，难道我们所有人不都是它的帮凶吗？我不是指我或我那一代人，我指的是世界历史。世界历史怎么可能会以这样的方式在德国发生呢？——这个德国在两方面都产生了一种水平极高的神学，尽管在天主教和新教之间有那么多不一致。因为神学并不会以另外一种方式发生。此外，它不可避免地会产生分歧、冲突。

多托利：在达到那么高的精神高度的德国，这样的事情是如何可能发生的呢？

伽达默尔：是啊，这是如何可能的呢？将军们没有看到在“罗姆暴动”[①]和“长刀之夜”[②]之后将会发生什么，这怎么可能呢？他们居然容忍这一切，这怎么可能呢？施莱歇尔（Schleicher）被枪毙，而为冯·帕彭撰写演说稿的记者也被清除了，等等。这就是事情发展的方式。那么，为什么会如此，为什么我们会容忍这一切？也许是因为许多被免职的官员在等待很快出现某种新的情况，类似于德国国防军（Wehrmacht）一样的东西，他们有武器，可以为了达到自己的目的

---

① 纳粹德国冲锋队的创建者罗姆同希特勒在冲锋队的地位和宗旨问题上存在分歧，希特勒不同意冲锋队成为独立的军事组织，罗姆则坚持党置于冲锋队之下。1925 年两人曾闹翻。1930 年年底，冲锋队获得大发展。罗姆重任冲锋队头目，此后同国防军矛盾加剧。希特勒决定国防军是第三帝国唯一的武器持有者，冲锋队负责人伍前的青年和退伍军人的军事训练。罗姆不满，喊出“第二次革命”（相对于 1933 年 1 月 30 日而言）的口号。1934 年年中，在柏林、汉堡等地的冲锋队发生骚动。为争取国防军，希特勒决定牺牲罗姆和冲锋队，制造所谓“罗姆暴动”，并于 6 月 11 日采取行动，处死了罗姆及冲锋队的各级头目。——中译注

② 发生于德国 1934 年 6 月 30 日至 7 月 2 日的清算行动，纳粹政权进行了一系列的政治处决，大多数死亡者为纳粹冲锋队成员。希特勒清算了其政权的政敌，特别是忠于副总理帕彭的人马。至少有 85 人死于清算，不过最后的死亡人数可能达到上百。超过一千名反对者被逮捕，参与行动的大部分是党卫队及盖世太保，此次行动加强并巩固了国防军对希特勒的支持。——中译注

拿起武器，而且有机会获得新的职位。我们必须反思的是这些可怕的事情。

多托利：所以，您认为德国国防军应该在“罗姆暴动”之后奋起反抗。但是希特勒并没有和德国武装部队联合起来发动“罗姆暴动”，是吗？

（118）**伽达默尔：**是的，他并没有和德国国防军联合起来发起“罗姆暴动”,但是他们之间有一个条约。不，暴动发生是因为他击毙了他自己的人。特种部队（S.A.）被解除了武装——无论是否是德国国防军干的都无关紧要了。

多托利：但是特种部队被解除武装是由军队执行的吗？

伽达默尔：也许这样的事情现在还有可能发生。事实上，现在比以前更有可能发生。我们以《慕尼黑协定》为例，这个协定是在人们对达成和平的期待中签订的——那个时候，希特勒正好把军队开进布拉格。我们不能否认，我们的主要将领威胁着要挂冠而去，他们并不想为此冒险。在战争超出理性和逻辑，呈现出那么巨大的规模之后，没有人会认为通过开几枪而枪枪命中就可以解决问题。为什么不能呢？这正是我们应该追问的问题。我们能够不用暴力就废除暴力统治吗？这就是歌德勒（Goerdeler）失败的地方。他既想达到目的，又不想对希特勒造成任何伤害——他只是想要剥夺希特勒的权力。这是一种什么样的状况？

怎么会有人这样思考问题？我不能理解这一点。我们所有人以或这样或那样的方式而是盲目的。例如，当我从梦魇中醒来的时候，我也会问自己这是如何可能发生的。一开始，我在这个地区有一些真正的犹太朋友，他们都说，“不用担心——那家伙最多坚持不了一年”。在有知识的中产阶级中，所有人都完全相信这一点。一次又一次，一步又一步，所有状况逐渐升级——当然尤其是在商人、银行家以及类似的人的利益被触动时，但是，这些事情没有触动大众的情绪。不，不，我只能说，只有这样一种解释：古老普鲁士的服从意愿，它仍然在起作用。我必须要说，它仍旧在起作用这一事实，是非常非常可怕的。任何人都可以看到，一个绝望的军官，在一场持续十年之久、造成满目疮痍的战争之后会看到什么，最终会设法做什么样的事情——这不就是施陶芬伯格（Stauffenberg）[①]吗？

多托利：但是，施陶芬伯格不是歌德勒计划中的一个成员吗？

伽达默尔：不，不直接是。施陶芬伯格不赞成他们策划的政变。他不想参与这个（119）孤注一掷的事件。他只是这样一个人，也许他已经看到事情最终会以什么样的方式结束，而且他和那些像歌德勒的人，不

---

① 施陶芬伯格（1907—1944），“二战”时期的德国陆军上校，曾策划、参与刺杀希特勒并把纳粹党清除出德国政府的行动。——中译注

想对希特勒造成任何伤害，而只是想将其免职。但这样的话，他们最终不可能达成任何目的。极有可能，他本人当时所想的是，“我们永远也不会以这种方式除掉他”。也许有人向施陶芬伯格建议这样做。极为糟糕的是，这个计划拖延得太久，而它只有在那一瞬间才有可能施行。如果它提早一点就发生了，在进攻波兰之前，至少半年前（如果不能再早一点的话）——在我们必须于我们的前线（波西米亚、奥地利等地）参加战斗之前——那该多好啊！但是，在有人注意到施陶芬伯格早已看到的东西之前，几年过去了。当然，在维也纳的奥地利人因为德国军队的入侵而一起欢呼“乌拉”之时，我们再一次地欺骗了自己。后来在蒂罗尔（Tyrol）和其他地方发生了同样的事情。这些都是我们日后必须为之付出代价的可怕的弱点。

多托利：您认为，德国国防军支持希特勒和赞同制造“罗姆暴动”，是因为事先安排好了，在特种部队被解除武装之后，只有德国国防军能够持有武器，是吗？

伽达默尔：当然。另一方面，它也防止了更严重的国内冲突。

多托利：特种部队的力量很大，是吗？它有三百万人之多。

伽达默尔：他们是真正意志坚定的人。自然，其中很少一部分人是正常的士兵。自然，德国国防军想要除了他们自己，其他人都不能持有武器。这正是他们最终支持制造“罗姆暴动”的理由，也是他们向希特勒宣誓效忠的理由。他们由于普鲁士人的军国主义和不知变通，直到最后仍然对誓言保持忠诚。这也是他们不再希望杀死希特勒的原因。如果他们看待事情更加敏锐的话，他们就会支持施莱歇尔——他们就不会允许希特勒把他除掉。如果施莱歇尔不藏器待时，他就肯定能够成为胜利者。但是我必须承认，历史就是这样发生的，而人们常常做出错误的决定。

另一方面，我真正想要指出的一个事实是，反犹主义（120）在人民中间是完全不受欢迎的——压根儿就不存在德国人想要这样做的问题。

多托利：雅斯贝尔斯的看法是不是正好与您的看法针锋相对？

伽达默尔：不，雅斯贝尔斯不是这样的。我不了解他的看法，我对他了解得还远远不够。我不想犯这个错误，认为他会那样说。这对他来说非常困难，因为他的学生对他极其失望。然而，从总体上看，他对整个处境的反应显示了他的八面圆通。

多托利：他的学生对他失望，是因为他妻子是一个犹太人吗？

伽达默尔：是的！尽管他并不是他们的领袖中的一员。他们到那时为止对时局已经洞若观火，但是他足够高尚，仍然站在他妻子的那边。我从来没有一次怀疑他会那样做。那个时候，有一些人和妻子离了婚。

多托利：是的，许多人建议——而且以极为强调的语气——他也应该这样做，这样他就能够把他自己从这种处境中解脱出来，继续拥有他在大学中的位置。这是他本人在七十五岁生日时的一次电视访谈中亲口说的。雅斯贝尔斯还提到，在1933年海德格尔应国家社会主义的学生联合会之邀去海德堡，并身着德国制服走进哲学讨论班教室，用纳粹式敬礼和大家打招呼之时，雅斯贝尔斯是多么震惊！讲座期间，雅斯贝尔斯坐在第一排，但是，他没有鼓掌。事后，当海德格尔和往常一样作为雅斯贝尔斯的客人去赴宴时，气氛极其不自然。当雅斯贝尔斯问他"你怎么会相信像希特勒那样一个毫无教养的人"之时，海德格尔回答说："噢，文化与这一点毫无关系，你只需看看他那双优美的手！"在雅斯贝尔斯看来，这就是他们之间友谊的终结。您认为雅斯贝尔斯是把海德格尔当作一个虔诚的纳粹分子和反犹主义者呢，还是，他只是认为他误入歧途了？

伽达默尔：我认为他几年之后就看到，海德格尔只不过是误入歧途了，而且，他认为海德格尔也理解这一点。当然，雅斯贝尔斯认为，海德格尔只是以一种可怕的方式陷入其中，而没有人会对此提出质疑。谁不会想到这一点呢？事实上，他从来没有把海德格尔当作一个反犹主义者。在他和阿伦特的故事发生之后，这就是不可能的，甚至除此之外，也不可能——不，不，这一点是没有任何问题的。事实上，(121)非常清楚，海德格尔所说的“国家社会主义”的意思一直就只是指“工业革命”。他认为，对希特勒来说，全部的纳粹主义始终是“工业革命”。

多托利：但是，雅斯贝尔斯的情况又如何呢？可以肯定的是，海德格尔在辞去大学校长一职之后，就只是把国家社会主义看作是工业革命。那么，海德格尔反对它的原因是他已经开始阅读荷尔德林，讨论虚无主义。他作了著名的关于尼采的权力意志和技术的讲座，他用“权力意志”指的是完全征服自然和实在的意志。但是，雅斯贝尔斯是如何看待国家社会主义的呢？

伽达默尔：我不知道他怎么想的。我担心他把自己限制在道德主义之中。因此，反犹主义得到了这样的大肆渲染，而且没有人能够抵制它，这些事实都是不人道的。我认为，后者所必然带来的东西是——这是决定性的——就像在德国国防军和希特勒狼狈为奸、沆瀣一气之后，我一语中的地概括的那样：“我们不可能对坦克说话。”[①] 您理解我的意思吗？诚然，他们想要用从博世（Bosch）[②] 那里弄来的钱做点什么，而施

---

① 伽达默尔这句话的意思相当于我们中国人说的“秀才遇见兵，有理说不清”。——中译注

② 博世是德国的工业企业之一，从事汽车与智能交通技术、工业技术、消费品和能源及建筑技术的产业。1886年二十五岁的罗伯特·博世在德国南部的斯图加特创办公司时，就将公司定位为“精密机械及电气工程的工厂”。总部设在斯图加特的博世以其创新、尖端的产品闻名于世。——中译注

陶芬伯格的暗杀计划就是这一点的证据。当然，他们并没有成功。施莱歇尔并非被随机选择地击毙——它显然是精心策划的结果。施莱歇尔想着有朝一日上台掌权。他绝非一个白痴，他认为他能够对付得了那个家伙。冯·帕彭和其他人认为希特勒是无足轻重之辈，而施陶芬伯格和施莱歇尔绝不这么认为，希特勒可不是什么无足轻重之辈。在施莱歇尔最早的一篇讲演中，他谈到要和每个人胆小怕事的心理做斗争。他是对的。

多托利：实际上暴动是由施莱歇尔策划的，而不是由罗姆策划的，就像希特勒要他的人民相信的那样，是吗？

伽达默尔：不，不，那不是事情的真相。施莱歇尔的时刻还没有到来。他还在韬晦待时。他认为处境会变得更加有利。他说："现在还可能发生什么样的事情呢？"这是他的失误。他没有想到两件事情：首先，他们会把他解职，其次，同时有成千上万名被解职的官员在希特勒那里看到了他们东山再起、重操旧业的可能性。我有个侄子正好也处在那种境遇之中，并且试图做些什么。他（122）甚至跑到莱比锡去找我，我问他想来这里做什么。他回答的是，"这也可以，那也可以……"和"我不知道"。所有这些被免职的官员都一无所有，而现在他们又都应有尽有。当然，一千名左右的官员在为希特勒和军队之间的和平创造各种条件。当然，希特勒首肯了。这些人只是希望再次发生战争。然而，参谋部并不是这样想的。在希特勒把事情做得太过火时，他们辞职了。他们不相信希特勒会如此丧心病狂。现在已经再也不可能控制住他，于是他独自一人走了下一步。我们不知道其中的细节。

多托利：有一位俄罗斯历史学家最近证明了，尽管签订了《苏德互不侵犯条约》，斯大林仍然在准备把共产主义引入欧洲。他试图证明，希特勒对这一切了如指掌，因此被迫主动进攻，而斯大林后来也迫使他陷入一种自杀式攻击之中，因为德国不可能在两条线上同时作战。

伽达默尔：这个事实已经是老生常谈，而且这是真事。这是人们必须加以考虑的事情，也是我在考虑的事情。这就是我如此焦虑的原因，因为我问自己："我们刚刚输掉了一场战争，现在又在酝酿战争吗？这难道还不够吗？我们真的想要输掉另一场战争吗？"

多托利：甚至在那时，歌德勒和德国国防军想要的东西——亦即单独和西方达成和平——仍然是一种可能性。

伽达默尔：人们也许会高兴地满足于此。是的，是的，但事情不是以那样的方式发生的。只有在西方想要它的时候，这种情况才是可能的。他们通过瑞典，也用其他几种方式试了试。

（123）**多托利：**有一位德国空军高级官员，鲁道夫·赫斯，希特勒的代表，飞往英格兰，但是飞机失事了。尽管他从来没有承认，但是人们认定他是希特勒本人派往英国的，目的是为了秘密达成停火协议。

伽达默尔：是的，是的，有过很多类似的努力，但它们总是以失败告终。也就是说，人们不能期望那些与我们交战多年并且牺牲了多少人的生命的国家，会突然间与我们缔结和平，就好像什么都没有发生。

多托利：托马斯·曼也反对这种单独与西方达成的和平，对吗？我读过他 1944 年为美国一家广播电台所作演讲的文稿。在演讲中，他完全排除了与德国和希特勒单独缔结和平的可能。

伽达默尔：但是在我们这里，讨论还从来没有被压制得那么厉害！很难说在我们这里人民都在想什么。总而言之，我们必须说，世界历史依照它自己不得不走的轨道滚滚向前。

多托利：施陶芬伯格的暗杀计划也来得太晚了，即使他成功了，是吗？

伽达默尔：是的，当然。歌德勒的计划成功了也是如此。他是一个基督徒，也是我在莱比锡的一个朋友。他是一个不想看到杀戮和流血的好基督徒。他的确不愿意任何人杀死希特勒。他只是希望有人把希特勒从军队首脑的位置上除掉。不，不，他远比大家想象的更加天真。然而，我承认，在所有这一切当中有某种合乎理性的东西——它是由那些工业主义者发动和资助的。

多托利：资助？资助歌德勒吗？

伽达默尔：是的，当然。博世、工业和所有这一切。

多托利：施陶芬伯格的想法是去除希特勒，重新描绘帝国的边界，对吗？

伽达默尔：是的，当然，而且不用做出太大的牺牲——在我看来，这是其中的一部分。然而，关键在于，在所有情况下，都要反对其他人的意志，缔结和平条约。但是，如果那样的话，我们也许就会经历一场长达三十年之久的战争。你看，苏联人也不会按兵不动，他们想要胜利。在那之后，美国人会有冒险出兵的想法——它实际上是多么荒唐！我们没有看到的东西，是我们不知道的东西。但是在我看来，人们也许必须说，那样（124）一种和平或者条约中的边界，也许最终会变成在易北河附近，而完全不是今天我们看到的样子。今天，随着德国的重新统一，人们必须承认这一点。人们（比如我的妻子）认为，东部（der Osten）几乎一文不值。

多托利：甚至但泽（Danzig）、波美拉尼亚（Pomemern）或者布勒斯劳（Breslau）也都一文不值吗？

伽达默尔：她一直确信这一点。她总是告诉我，德国到易北河就结束了。她跟我说，在战争发生的很久、很久之前，不仅是东普鲁士，而且属于德国东部的全部斯拉夫地区，实际上从来不是西德的组成部分。当然，也没有人希望它变成苏联的一部分，这是肯定不行的。我只是想说，本质上，她对德国东部压根儿没有任何兴趣，她对它全然陌生。事实上，在德国南部和西部存在的与普鲁士的对立并不是最近随着德国的再次统一才出现的，所有人很长一段时间以来就察觉到了这一点。无论什么时候我想要拜访一下岳父、岳母家，或者无论什么时候我听到我太太跟我讲述一些故事，她父亲（他是一个聪明人）偶尔给我讲述一些故事，我听到的都是“他们全都是奴隶”之类的。1933 年他跟我说的第一件事是，“将要为了那些我压根儿不感兴趣的土地而发生一场战争”。当然，所有人都希望他们会适可而止。

多托利：他预见到的一切事情，以及实际上发生的一切事情，在今天都应该被看作是一种提醒，一种富于教益的提醒，提醒我们如果允许那样的事情发生，那么，甚至今天还可能会发生什么。您觉得我们应该从这个世纪的惨绝人寰的经验中得到什么教训呢？

伽达默尔：今天，我们面临着这样的事实，即在我们的社会中再也没有唯一的一个少数民族了，而是有许多少数民族，他们肯定想要融入这个社会。然而，他们也有一种极为强烈的对他们自己的共同体的归属感。也正是因为如此，我们面临着在社会中与这些少数民族共存的问题。一方面，这种共同体的归属感会阻止在少数民族和接纳它的社会之间的各种冲突，但是另一方面，问题在恶化，因为产生了更多的冲突。

这就导致接纳他们的社会有意识地走到把它自己和少数民族互相隔绝的地步，反对所有迁进来的少数民族，并且最终，走到反对移民本身（125）的地步，因为这个社会的成员感到恐惧。但是，闭关自守、拒绝移民，这在欧洲，尤其是在发达的社会中，已经不再可能。这是因为习俗发生了变化，而主要是因为工业化社会的效率压力成功地降低了出生率。在三十年或五十年以后，也许再也没有以前那样的“德国人”和“意大利人”了。因此，解决少数民族和接纳他们的社会之间的冲突以及少数民族相互之间的冲突等问题，是势在必行的。

多托利：这似乎的确是将来社会的任务，但这任务会在什么样的基础之上执行呢？

伽达默尔：我不知道这一冲突是否可以只在法权国家的基础之上得到彻底的解决，尤其是如果出现了由少数民族组成的各种社区，而这些少数民族带来的他们自己的习俗和传统又完全不同，甚至互相冲突的话。正是因为如此，我重申一遍，我相信，只有不同的世界宗教之间的对话能够导向互相容忍和互相尊重，并且能够把这些少数民族凝聚在一起——少数民族实际上都是在他们的宗教的基础之上形成的。在拙作《欧洲的遗产》之中，我已经指出，欧洲文明的真正基础和它伟大的文化遗产正存在于这种宽容之中。为了能够建立起这种宽容的理念，过去的几百年里充满了战争和斗争。在18世纪——启蒙的世纪——的结尾，它给予我们哈布斯堡的玛利亚·特蕾西亚女王的《宽容法令》，不是在简单粗暴地拒绝所有宗教的基础之上产生的，而是在意识到他们自己完整的文化同一性力量的基础之上产生的。正是这种力量允许我们既不害怕，也不拒绝少数民族和文化差异，而是允许我们接受这些。因为我们拥有一种奠基性的信念，坚信我们自己的同一性不会在这种相互对话中遭到贬低，也不会绝对地支配他者。相反，它能够充任互相理解和互相尊重的基础。(126)而从根本上能把社会紧紧凝聚在一起的东西，就是这种对话本身。

(127)

第九章

在海德格尔和雅斯贝尔斯之间

多托利： 我们现在来谈谈您和雅斯贝尔斯之间的关系吧。您是怎么认识他的，又是如何发展这种关系的?

伽达默尔： 我非常清楚地记得雅斯贝尔斯是如何走进我的视野之中的。我还是学生的时候，另一位学生告诉我，海德堡大学开设了几个非常有趣的哲学讨论班。这个学生在马堡，他跟我提到了雅斯贝尔斯。我饶有兴趣地注意到了这一切。接下来，我第一次去弗莱堡拜访海德格尔，他听说我要乘车取道海德堡回马堡。由于法国的入侵，这个学期多次停课，于是海德格尔对我说，“请您务必去拜访雅斯贝尔斯”。我在弗莱堡与他道别之时，他又说起，“您现在要去海德堡吗？好极了！您务必去拜访一下李凯尔特，并请您代我向他致以最美好的问候”。于是，这两件事情我都做了。李凯尔特(Rickert)是海德堡大学全职的哲学教授，雅斯贝尔斯亦然，但是他开始学的是心理学。就这样，在从弗莱堡回到马堡的路途中，为了拜访雅斯贝尔斯，我在海德堡稍作停留。我记忆犹新的是，雅斯贝尔斯给我留下了难忘的印象，尽管我觉得好像我在接受心理分析的观察。与此相反，李凯尔特根本就没有正眼看我，因为他自始至终盯着他的鞋面看。那种感觉实在太差劲儿了。

多托利：我们还是回到雅斯贝尔斯吧。他还是一名医生，对吗？

伽达默尔：是的，他是一名医生。在某种意义上，他是一位绅士，出身名门，家境富裕，而且他还是一个有着严重洁癖的人。我还从来没有见过类似的状况。海德格尔喋喋不休地颂扬雅斯贝尔斯的各种优点，甚至使用了一种极为优美的措辞："他行为举止中有一种特别的优雅。"它的意思是，"我和他没有什么关系，但是，他打动了我"。所以，实际上，海德格尔对他的态度模棱两可、含糊不清，这和他对待第三帝国的态度别无二致。当然，现在没有人记得这些了，但是，在海德格尔接任大学校长一职之时，那对我们来说简直是晴天霹雳啊。难道他疯了吗？我的学生当中没有一个人能够理解这件事，更不用说（128）我的朋友了。我们如何才能开始理解这件事情呢？后来，事情的发展甚至有过之而无不及，最重要的是，海德格尔变成了一个"纳粹分子"。海德堡出现了同样的骚乱："雅斯贝尔斯的太太是一个犹太女人。这太可怕了。”雅斯贝尔斯在海德堡的朋友如此评论。——这些朋友后来都变成了纳粹分子，这对他们来说是灾难性的。接下来就是某位乌有先生（nobody）[1]在这里（在雅斯贝尔斯的地盘）主持事务。我不能确切地记得他姓甚名谁了。我只知道我在莱比锡时收到过他的一封来信。

多托利：雅斯贝尔斯的来信？

伽达默尔：不，是那位不知姓名的先生的。雅斯贝尔斯已经退休很长一段时间，但我还是会定期拜访他，这是我们尽己所能做的全部事情。如果你还有一点点理智的话，你就能像个人一样行动。当然，你也不必在一个已经变成纳粹分子的人势穷力竭之时，以恶的良知对待他，落井下石，痛打落水狗。我们必须向他们显示一些同情，而我正是那样做的。我不想责备任何跟我说过“您知道我有家小。……您认为我该怎么办呢？”这样的话的人。

多托利：您去拜访雅斯贝尔斯，是因为您知道他正处于困境之中，因此而在他的环境中给他支持吗？

伽达默尔：当然是的。我定期拜访他，因为我清楚他的处境，也因为事件纷至沓来，我已经不知所措。在1940年（《苏德互不侵犯条约》签订之后）波兰和法国被占领的时候，我去了雅斯贝尔斯家。我问他：“我

---

① 伽达默尔在这里使用的就是“nobody”这个英文词。——中译注

们现在正面临一场长达三十年之久的战争吗？”他颔首对我说，“噢，伽达默尔先生，您知道，没有人能够预测历史”。事实上，在那之后不久，希特勒就长驱直入巴尔干半岛了。从那时起，我们都知道，和苏联之间的战争迫在眉睫了，而那也意味着德国的末日。

多托利：那个在海德堡主事的人在给你的信中说了些什么？

伽达默尔：（我记起来了，）他是罗斯曼！您知道的，他后来接替了雅斯贝尔斯在巴塞尔大学的教席。如果不是因为雅斯贝尔斯经历过那些事的事实，如果不是因为从1935年起我曾经尽绵薄之力定期对雅斯贝尔斯伸出援手的事实，我们根本不会跟他发生任何关系。我极为愉快地发现，海德堡有很多不知姓名的人欢迎我来这里！我认为，我告诉过您事情是如何结束的。在听说雅斯贝尔斯（129）要来接受荣誉博士学位之时，我恰好也在这里，而我的朋友谢弗（Schaefer），一位古代历史学家，正担任系主任。一位正派的大学同事告诉我说（因为雅斯贝尔斯获得的是自然科学[*de rerum naturalium*]的博士学位），“我们建议授予雅斯贝尔斯荣誉博士学位，但是在做这些事情之前应该征询一下他的意见”。也正是在那个时候，雅斯贝尔斯真的获得了荣誉哲学博士学位。我必须和我的朋友谢弗去巴塞尔，而我在那里受到了极其糟糕的对待。萨林，一个我很熟悉的格鲁吉亚人，在那里担任校长，他为此而目瞪口呆。在我们开始对话时，雅斯贝尔斯对谢弗说："我很想提前和您进行私下的交流。"雅斯贝尔斯的妻子当时也在现场，她说："但是，卡尔，你也应该和我们的老朋友伽达默尔说说话。"——毕竟，我是一个一直对他们保持着忠诚的人。但是，他只是回答说："好的，好的，但是必须等一会儿。"然后我就被打发出去了，在他们想起来我时，我在那里坐了半个小时了。您可能会想象我们进行的对话有多么引人入胜！不，那就是对话的结束。

这就是我匆忙赶到海德堡遭遇的全部后果。其实每个人都是这样，所以，我们不必在这件事情上白费唇舌。如果有一个人离开了，那么留下来的团体会认为新来者令人难以接受——这很正常。这个团体总是自然而然地对新人疑神疑鬼、冷若冰霜，因为他们认为新来者和离去者不可同日而语。[①]这只是接替的自然反应——这种反应臭气冲天，但是它主要是出于对新来者的嫉妒。当然，我总是彬彬有礼地对待罗斯

---

① 让·格朗丹在他的伽达默尔传记（参见《汉斯－格奥尔格·伽达默尔：一部传记》，图宾根，1999年，第304—313页）中报道了这一事件。同时，我们知道，出于其他理由，雅斯贝尔斯对于伽达默尔的态度变得极为挑剔，确切地说，是因为伽达默尔1946年在莱比锡大学的校长就职演说，而伽达默尔对此毫不知情。雅斯贝尔斯在这篇就职演说中看到伽达默尔适应了德意志民主共和国（DDR）党政制的迹象。——作者注

曼和意大利人德·罗萨，罗萨当时也在场——这显而易见。尽管如此，他们总是恨我。于是，雅斯贝尔斯总是一边听着关于我的消息，一边摇头说："跟老伽达默尔有关的就没有什么新鲜事儿。"他在这一点上有点犹豫不决，只是他喜爱罗斯曼，这个人后来成了他的继任者，尽管肯定不是通过我。

（130）**多托利：**但是，无论如何，是雅斯贝尔斯叫您去的海德堡啊？

伽达默尔：不，他几乎不再当权了。那个时候，他不再有任何影响了。当然，一定程度上，他还受到别人的尊敬。

多托利：您不是得到任命接替他的位子吗？

伽达默尔：不，我是后来才接受任命的——在他已经离开之后。当然，他希望我去，不过，只是作为一个去拜访他的人。这是一个体现同事之谊的行为——或者无论您想如何称呼它都可以。我还是莱比锡大学教授的时候，我自然可以更加频繁地继续探望他。但是，我后来只去探望海德格尔——在他终于开窍了之后。只要他还是一个亲纳粹分子，我就不会去拜访他。我这样独自做这一切显得极其难堪。

多托利：海德格尔直到战争结束时都还是一个亲纳粹分子吗？

伽达默尔：不，不。在那之前很久，他就不是了。在他辞去校长一职之时，他就已经不再是一个亲纳粹分子。在那之后，也许人们还能在他身上觑见某些印迹，但是我知道他很久以前就不是了。他总是派人到马堡来看我，并且还是说着那句口头禅：“这是一个您真的可以和他谈谈的人。”那个时候，这种事情很普遍。

多托利：现在来谈谈您和雅斯贝尔斯间的哲学上的关系吧。是什么把您和他联系在了一起？

伽达默尔：好的。事情是这样的——1932年，我收到了雅斯贝尔斯寄来的他在格森（Goeschen）出版社出版的小册子，《论我们时代的精神处境》，我非常喜欢它的导论。这是一个关于处境概念（den Begriff der Situation）的非常有趣的导论。总体上，我喜欢书中的某些东西，但是不喜欢另外一些东西。从总体上看，它是某种带有浪漫主义色彩的东西，带有反讽意味的东西——比如，他会说，“一个人举起了长矛，击中了目标”等。虽然我对它并不是如痴如醉，但是大众觉得津津有味。我在马堡开过一次关于它的讨论班。在那次讨论班上，我有过从1929年到1935年在马堡全部任职期间经历过的唯一一次类似于纳粹分子的反应——这种反应极其轻微却毫不含糊。所以，雅斯贝尔斯的确满足了纳粹的某些必要条件，这是我兴致盎然地注意到的东西。

他性格中另一个我不喜欢的地方是，他这个人完全不懂幽默。在我回到海德堡时，（131）我亲身体验到了这一点。有一次，学生社团（不是大学）邀请他作一个演讲，他们也要求我代表校长讲话。所有其他的教授都对他怒不可遏。其实没有发生什么特别的事情，没有什么破坏名誉的事情，只是因为他走出休息室时没有和大家道别。这就足以让其他人说，“如果他不想和我们道别，那么，我们也不想为他做任何事情”。而这就是我必须出现在那里的原因。于是，我走进已经座无虚席的礼堂，我的舌头打滑了好一阵子，说：“作为莱比锡大学校长的代表，我来……”我说的竟然是“莱比锡”而不是“海德堡”！其他人先是乖乖地地听着，接着有一些烦躁不安，而他就此说道：“莱比锡？你大错特错！”然后，我也注意到了这一点，回答说：“莱比锡？非常抱歉！但是您知道我在莱比锡大学经历了太多次这样的处境，所以，这样的事情一定会发生……现在它发生在了错误的地点而已。但是，不管如何，没有人有必要从莱比锡大学来到您这里，只是为了说谁是海德堡的卡尔·雅斯贝尔斯。”然后我继续大声说下去，在那之后，他第一次显得没有信心。他完全不懂幽默，但是我想轮到我说话时措辞是挺优雅的——如果他能够接过话头，那该是多么好啊！但是他从来都不会按照你希望他去做的那样去做。他也许说了什么……什么都没说！最重要的是，那根本就是一场极其糟糕的讲座。

除了上面这些，我的确读过《当前的法律和激情》(*Das Gesetz des Tages und die Leidenschaft*)一书，这是

一种合乎理性的反思。也就是说，后来我也怀着崇敬的心情通读过他那三大卷论哲学的书。海德格尔经常打发我从马堡去拜访雅斯贝尔斯，在雅斯贝尔斯被突然降职的时候，我从莱比锡去那里探望他就更勤了。受到迫害的人的样子举世皆然。总的来说，他们独一无二地从这样一个视角出发来判断他人：凡是显出对他们的关心的是某种人，凡是证明自己有用的就是特别的人。这并非完全不真实！但我不能总是这样批评他们。然而，无论如何，我是站在正确的一边——站在显示出关心的那些人的一边。但这也是因为我意识到海德格尔对于雅斯贝尔斯极其敬重。他们之间关系的破裂是到后来，因为希特勒才发生的。顺便提一下，也许您已经知道，海德格尔的大学校长就职演说的一部分来自雅斯贝尔斯。

（132）**多托利：**是的，我读过海德格尔–雅斯贝尔斯的通信集。有一段时间里，从1930年到1932年，他们简直一个鼻孔儿出气。

伽达默尔：不仅如此，而且那篇校长就职演说的部分材料就来自雅斯贝尔斯。这是众所周知之事，劳动服务、军事服务和教育服务等观念——所有这一切都是雅斯贝尔斯的。

多托利：噢，是的，大学改革的理念，那是雅斯贝尔斯的思想。

伽达默尔：正是。

多托利：尽管如此，如果我们回到哲学问题上来，那么，在您看来，海德格尔和雅思贝尔斯的区别与相似之处是什么？例如，关于实存（Existenz）[①]的问题，您认为他们对此有一致的观点吗？或者每个人的实存指的是不同的东西？

伽达默尔：他们分别用这个词意指不同的东西——海德格尔的意思是"上帝"。

多托利：上帝？

伽达默尔：是的，海德格尔的实存意味着寻求上帝（die Suche der Gott）。他终其一生都是一个寻求上帝的人（Gottsucher）。

多托利：但那是克尔恺郭尔的实存观啊！

伽达默尔：完全正确。他在他生命的某一时刻失去了上帝，所以他耗费了整整一生的时间去寻求他。但是雅斯贝尔斯——不，他用这个词不是指上帝，而是指"超越"。它们在一定程度上是相容的。上帝知道，论述克尔恺郭尔和尼采的著作是雅斯贝尔斯最好的著作。论尼采的那本小书写得非常好，但是那本大部头的不怎么样——它只是篇幅冗长而已。

多托利：克尔恺郭尔把实存定义为从他自己的存在中站出来，于是就成了上帝面前的存在。这是海德

① Exsitenz 在国内，尤其是在海德格尔的思想和存在主义的语境中，通常被译为"生存"，而本书一律译为"实存"。——中译注

格尔和雅斯贝尔斯共同的地方吗？

伽达默尔：是的，这就是他们共同的地方。但是，在海德格尔那里，躲在这一观念背后的是一个盖了天主教戳记的人，他终其一生坚持不懈地寻求上帝——直到他溘然长逝。他与教会反目，甚至还和弗莱堡大学他自己的院系反目成仇。这很好，他很人性；尽管如此，他还是太人性了。他后来遭遇清教主义——并在它的启发下（133）来到马堡，他在那里发现了布尔特曼的道路，与后者结成了一段没有任何基督教教会压力的友谊，但这也不是正确的道路。他就这样一直往前走，最后变成了荷尔德林。实际上，他被人称作“荷尔德林教授”（Professor Hoelderlin）。

多托利：我们还是回到超越问题吧。海德格尔在他的《康德与形而上学问题》一书中确实谈了超越问题，他把它等同于理性的有限性。就是说，只有首先从人的有限性出发，才有超越。这和雅斯贝尔斯指的是同一个东西，或者不是同一个东西？

伽达默尔：噢，那也是雅斯贝尔斯所说的。肯定的，肯定的，当然是同一个东西。但是，原因何在？由于受到启蒙的力量的影响，雅斯贝尔斯除了超越什么也不能谈及。而海德格尔谈论它，是因为，这时候，他和教会没有任何干系了。这实际上就是一个差异，因为他们当中的一个看到启蒙的倾向，而另一个则与国家认可的教会和它们的帝国主义发生抵牾。在海德格尔看来，没有比一个“忏悔的教会”（Bekennende Kirche）更严重的威胁了。而在我看来，正好相反，忏悔的教会在纳粹德国实际上证明自己是最无所畏惧的。

多托利：无所畏惧？怎么会这样？

伽达默尔：是的，无所畏惧。希特勒并没有渗透到农村和小城镇，您不要认为，他们除了纳粹什么都没有了。

多托利：教会的权威实际上是为纳粹所承认的，对吗？

伽达默尔：牧师有这种权威，教会没有，但那些农村和小城镇的牧师有。

多托利：天主教会的主教不是也有吗？

伽达默尔：主教对于新教教徒来说无足轻重。

多托利：不过，我们是在谈论天主教，谈论海德格尔的天主教啊。

伽达默尔：噢，不再是谈论这个问题了。您误解我了。在他受聘前往马堡之时，海德格尔已经寻求上帝很长一段时间，而这正好可以解释他和布尔特曼的友谊。但我现在谈论的是战争，它在这个时期爆发，战争期间，教会表现得如此勇敢。最终，（134）无论是布尔特曼还是清教主义，都再也不能满足海德格尔了。他没有在其中发现任何类似于在天主教教会那里可以发现的帝国主义，但是他也不觉得后者非常有说服力。海德格尔的主题可以这样来解读:“可以肯定,有一个上帝,但是没有神学,不存在可证明的神学、理性的神学以及任何诸如此类的东西。”

多托利:另一方面,在雅斯贝尔斯那里,是否仍然为超越或者上帝保留了地盘?

伽达默尔:是的,绝对保留了。但是,他更喜欢只谈论超越。显而易见,他认为,他借助于实存的阐明(Existenzerhellung),通过形而上学已经证明这一点,而我们能够(姑且这么说)从康德那里得出这二者。因此,海德格尔和雅斯贝尔斯的确有某些共同的地方——其中一个是启蒙的牺牲品,而另一个是基督教会-帝国主义的批评者。在海德格尔还是学校长凳下的年轻人之时,他就在和天主教教会的权威主义做斗争了。你知道他在学校长凳下面被逮着的故事吗?

多托利:我不知道这个故事。

伽达默尔:这是一个迷人的故事,而且是真实的故事。他在康斯坦茨上高中时,在一次烦闷的讲座课上,他被逮着缩在学校长凳下面读一本书,而逮着他的那个人就是格洛伯(Groebe),他后来成了康斯坦茨的大主教。最重要的是,这本书是康德的《纯粹理性批判》。为人极其精明的格洛伯对海德格尔充满尊敬。他表扬了海德格尔,对他说:“我很希望我有更多这样的学生,他们觉得我乏味至极,但是他们更喜欢读《纯粹理性批判》。”他是一个诚实可靠而又值得敬佩的人。

但是当然，他也是一个优秀的天主教教徒。后来，在海德格尔遇见困难时，他帮了海德格尔的大忙——海德格尔在格洛伯的推荐下走向布伦塔诺（Brentano）。这一插曲的后果是，他开始心无旁骛、全神贯注于各种存在的概念（通过布伦塔诺那本著名的讨论亚里士多德的书）。这个故事还是很引人入胜的，不是吗？纯粹出于兴趣，青年海德格尔阅读了一些比格洛伯告诉他的要更有趣的书。

多托利：不是说格洛伯担任弗莱堡的主教时，对纳粹抱持同情的态度吗？

伽达默尔：如果涉及政治问题，那么，我们就必须从总体上考察德国的天主教——过去有个协定。这不是（135）格洛伯先生私人的事情。德国天主教会中在政治上极有影响的主教，在其中看到了和平地调停方济各会教派之间冲突的好处。当然，我们知道，方济各会修士早就落伍了。实际上，我们也知道纳粹不断地诽谤修士们的名誉的诸多事件。在第三帝国的第二年，报纸上就出现这种事情了。我清楚地记得，这种做法戛然而止，对方济各会修士的批评由于缔结了协定而突然中断了。

多托利：但是，这一切现在还算是秘密吗？

伽达默尔：不，它是完全公开的。当然，这一点并不在协定之中。但是显然，它包含宗教信仰自由等条款。

多托利：在从校长一职辞职以后，海德格尔本人经历过纳粹的刁难吗？

伽达默尔：他当然经历过刁难。他是以一种完全不同的方式看待某些事情的。显然，他感到失望之极，而稍后，由于阿伦特的事情，他的处境变得更糟。不，我想说的是，他的迷惘现在和那些清教徒的迷惘更加惊人地一致了，当然，他把清教主义看作是宗教信仰的一种稀释形式。天主教的政治修辞学是这种形式的对立面。

多托利：这是一种和清教主义并不相同的帝国主义，对吗？

伽达默尔：是的，正是如此。它正是帝国主义的对立面，而打动海德格尔的也正是这一点。我也对此惊愕不已。我只能看到，在帝国主义和小资产阶级进行接触之时，它的全部影响多么流于表面。在马堡平静地生活的那段岁月里，我对这一切洞若观火——直到一切糟糕的东西完全爆发的时候。那个时候令我大为恼火的东西是反犹主义的所作所为。当时他们所有人都在谈论如何对待大屠杀。有些人想要这样，另外一些人想要那样。有些人想要建造一座纪念碑，另一些人不想要任何纪念碑，还有另外一些人认为也许可以接受一个小纪念碑。这些建议要么是极其糟糕的，要么是不可理解的，要看你怎么去看它了。我们必须一劳永逸地理解，（136）这件事情是如何违逆压倒性多数的德国人的意志而发生的。可以肯定的是，在意大利发生的事情与我们大同小异。您没有亲身体验过这件事情，但极有可能的是，意大利转向法西斯主义的过程也大抵如是。

多托利：我们还是回到哲学上来吧。我们已经看到，您是如何看待把海德格尔和雅斯贝尔斯并列在一起，以及他们相互之间的关系的。现在我们来要谈谈您自己和雅斯贝尔斯的关系吧。我可以提一个问题吗？您认为您从雅斯贝尔斯那里学到了什么？

伽达默尔：好的。正如我看到的，我在属人的层面（der humanen Ebene）从他那里学到一些东西，而这些东西在海德格尔那里是于他的实存哲学（der Philosophie der Existenz）的基础上出现的。海德格尔是这样一个寻求上帝的人这一事实，我是从他的整个生命进程中明了的。最初，有一段时间，我认为他再也抵制不住启蒙，而且因此再也不想参加基督教游戏（Christ-Spielens）中的一切愚蠢之举了。是的，我必须承认这一点。

多托利：说到实存的人的属人方面（der humanen Seite），您是通过它来理解哈贝马斯做过的同样的事情吗？在他说解释学是海德格尔思想的都市化之时，这种都市化应该在属人的关系的意义上得到理解呢，还是应该首先关联到海德格尔思想中使它如此难以交流的那种品质？哈贝马斯的意思是，您使得它变成更加容易交流了。也就是说，您把海德格尔的思想从他黑森林里的小木屋带到城市，使得人们可以理解它了，对吗?

伽达默尔: 不，我认为，我只是把自己和实存的这种属人的方面联系在一起，就像哈贝马斯所做的那样。顺便提一下，我想起了一个我经常讲述的故事，它发生在德国哲学大会期间，当时奥尔特加（Ortega）也出席了那次会议。海德格尔非常担心会卷入和奥尔特加的讨论之中。奥尔特加发言和讨论问题时那种开放的、外向的和反讽的方式，总是会让他窘迫不堪。海德格尔很有自知之明，于是，他在会议前一天晚上向我求助。实际上，他第二天刚做完讲座，奥尔特加就语带讥讽地评论说:"海德格尔先生，您（137）必须更加随心所欲地、更加轻松自如地对待哲学，我们必须和哲学一起跳舞。"海德格尔一言不发。他找了一个角落待着，喃喃自语道:"我实在不知道什么样的哲学必须处理跳舞。"

多托利: 我现在想提一个哲学问题:您认为实存的阐明（Existenzerhellung）必须处理解释学吗?或者，解释学是作为实存的阐明的一种不同类型的哲学吗?

伽达默尔: 噢，我要说的是，实存的阐明是一个连海德格尔也接受了的哲学术语。他没有恰当地使用它，但是他也不反对它。

多托利: 事实上，在海德格尔那里，我们有对于实存的分析，而对于实存的分析本质上有别于解释学，比如，像雅斯贝尔斯那里的实存的阐明就是这样，对吗？

伽达默尔：是的，正是因为如此，我才会说，在海德格尔那里，真理是从存在内部来思考的，而我决不会这样做。我几乎把它——由古希腊人奠定基础的关于人的知识——看作是西方哲学的错误的命运。

多托利：它也适用于实存的阐明吗？

伽达默尔：是的，也适用于它。也就是说，实存的阐明和此－在（Da-Sein）的分析这二者都尝试从存在出发，而不是从那个“Da”（此）出发进行思考。后来海德格尔也谈论这个“此”（Da），但是那个时候，我独自抵达这一点很久了。我总是认为，说他在这一点上依赖亚里士多德是错误的。在我看来，他忽视了*phronesis*，而把存在问题提高到它的位置上。

多托利：因此，在海德格尔那里就有了一种对于此在（Dasein）的分析。它和雅斯贝尔斯谈论的实存的阐明是一回事吗？

伽达默尔：就雅斯贝尔斯也在根本上以概念的方式思考而言，我们可能很难回答这个问题。另外，这是一个极为优雅的表述——实存的阐明——人们一下子就理解了这个表述。即便如此，我们并不认为，这一表述对西方存在史进行了一种根本的批判。但是，雅斯贝尔斯把它当作在一切思想形式内部可以大获全胜的可能性。因此，归根结底，他还是以道德主义的方式把它理解为最终的目的了。

（138）**多托利**：您的意思是，“实存的阐明”这个概念在雅斯贝尔斯那里仍然停留在存在问题内部，在某种程度上，它还不得不处理超越问题，即便它最终是道德主义的？

伽达默尔：是的，确实如此。他本人也在某种程度上变得说教意味更浓了。这些日子，我突然发现，毋庸置疑的是，人们出于错误才把雅斯贝尔斯看得很重要，他压根儿就没有那么重要。

多托利：他现在在什么程度上被认为很重要？

伽达默尔：我们到处都可以察觉到这一点。我们在每一个犄角旮旯都可能注意到这一点。一旦我们不想再读海德格尔了，我们就会读雅斯贝尔斯。这是可以清楚地察觉的。但是，我也想不偏不倚地说一句，毫无疑问，海德格尔和雅斯贝尔斯两人在推动德国哲学学院化方面都是例外，这一点也毫无疑问。我们必须承认这一点。

多托利：雅斯贝尔斯并没有用他的实存的阐明的问题域，从根本上触及对于形而上学的批判和海德格尔之思的新开端这个完整的问题域，而这个完整的问题域反过来引导我们走向存在的本真意义。也就是说，它引导我们走向超越，对吗？

伽达默尔：在我看来，就当代的处境而言，雅斯贝尔斯的实存的阐明只是一个道学味很浓的资产阶级术语，而绝非超越的宗教意义上的。它不是在一个教会或者一种宗教意义上的超越，相反，它仍然受到启蒙的影响，而我们所有人也都暴露于启蒙的影响之下。在这里，他们之间显然有区别，在这个意义上，海德格尔是一个宗教的人，而雅斯贝尔斯绝不是。

多托利：那么，解释学如何把自身一方面与海德格尔的此在之分析区分开来，另一方面与雅斯贝尔斯的实存的阐明区分开来呢？

伽达默尔：在我看来，无论如何，在雅斯贝尔斯那里，只有微不足道的一点点超越的意义。然而，除此之外，这似乎是一个非常难以回答的问题，这就像您问我“世界历史将会如何向前推进”一样。

多托利：不，我只是想问，区别到底在哪里——如果不必考虑历史如何向前发展的话。您和雅斯贝尔斯的区别在哪里，您和海德格尔的区别在哪里？

（139）**伽达默尔：**不，您也不能这样提出问题。这两个问题都无关紧要。重要的东西是，雅斯贝尔斯这种形式的中产阶级上层的自留地并不能拯救我们。因为我们已经别无所有，所以，还能拯救我们的东西是伟大的宗教之间的对话。

多托利：不是雅斯贝尔斯意义上的超越或者哲学信仰吗？

伽达默尔：是的，那远远不够。我们必须意识到，在我们欧洲的思想中，对超越的渴望无处不在，而又隐而不显，我们必须以某种方式把它组织起来，以至于我们能够通过它彻底地获得例如中国人用他们的神道教（Shintoism）完成的东西。这是不是要求太多了而无法追问？那么，我们能够怎么做呢？噢，也许我们没有能力去做了，如果四种伟大的宗教能够相互达成一致，承认超越是"伟大的未知者"，那么，它们也许就能够阻止用天然气和化学物品破坏大地的表面。只还有这唯一一条出路，没有其他路可走了。我们必须进入和诸世界宗教的对话。也许我们有足够的时间，也许我们没有足够的时间了，我不知道事情之究竟。也许需要几个世纪，才有可能把在基督教的意义上——在我们被抚养成人的意义上——的某种形式的人权普遍化。

(140)

第十章

最后的神

多托利： 现在，我们想要再次谈谈海德格尔。上次我们讨论了雅斯贝尔斯，现在，我们想要再一次讨论海德格尔。您认为，您正确地阐释了人被抛投在世界之中这个概念，而这个概念构成了您的解释学立场的开端，对吗？

伽达默尔： 是的，当然。我想说，我理解了海德格尔使用被抛状态（Geworfenheit）这个词时已经正确地看到的东西。他看到，我们绝无可能从逻辑的角度出发观察一切事物。如果我看到您手里拿着一块玻璃，那么，我会说："啊哈，是的，您当然看到您手里拿着一块玻璃，只是您并没有形成您拿着一块玻璃这样一个判断。然而，总的说来，我的确自认为形成了这个判断。"正是由于这个原因，我压根儿不会对后期海德格尔感到莫名惊诧，他的后期思想不得不沿着这些线索向前发展，它不可能朝着别的方向发展。于是，最终他说，“它发生了”。但是，在很长一段时间里，我就已经一直说：“我说存在时有些勉为其难，但是我说此（Da）时却完全心甘情愿。”

多托利：难道不是这样的意思——“存在总是把自己限制在历史性的在场之中”？

伽达默尔：是，又不是。归根结底，存在实际上是一个开端性的问题。

多托利：（存在是）一个开端性的问题，而不是一个关于命题真理的问题，对吗？

伽达默尔：那是界限（Grenze）。那种处理事物的方式在海德格尔那里是一个界限。因此，从根本上说，我认为，他谈论的存在的真理绝不能被混同于命题的真理——尤其是，如果我们指的是通过命题真理而达到的它的可证实性的话。清楚明白的是，存在的本源性的明证性，*aletheia*，是某种不同的东西。但是迄今为止，我仍然没有发现任何对此的解答。但是您知道，在他生命的最后岁月，海德格尔曾经三番五次对他的家人说：“尼采毁了我。”（Nietzsche hat mich kaputtgemacht.）

多托利：他那样说到底是什么意思？

（141）**伽达默尔：**我不知道。我们也绝不可能从赫尔曼·海德格尔[1]那里打听到这句话的意思，因为他

---

[1] 他是海德格尔的次子，虽然实际上，他并非海德格尔的亲生儿子。——中译注

没有受过良好的哲学教育，还没有能力解释为什么他父亲翻来覆去地说“尼采毁了我”这个句子。我也不能给出一个合理的解释。我没有任何答案；或者也许我应该说，我有几个不同的答案——毕竟，我如此频繁地思索过这个问题。阿瑟·丹托（Arthur Danto）出版过一本论述尼采的著作——他送了我一本，并在上面写了一句极为美妙的题词。我个人认为，他是一个值得严肃对待的人，也许他怀疑有一个答案。

多托利：您认为，海德格尔关于尼采的这一声明是什么意思呢？您真的对此没有任何解释？

伽达默尔：是的，我对此没有任何坚定的确信。我认为，如果我们想要在读海德格尔论尼采的那几本著作（当然，我指的是玻格勒编辑出版的那个版本）时看出一些名堂来，我们必须牢牢记住，这已经是一个经过剪裁的海德格尔。我们现在终于拥有这些讲座的完整版本。与玻格勒编辑出版的那个两卷本相比，海德格尔原来所作的讲座要好得多。

多托利：是吗？您肯定这个两卷本要逊色于讲座？

伽达默尔：是的。它们在重要性上远不能与后者相埒。从文体的角度讲，海德格尔实在算不上一个好作家——我说这话有绝对的把握。我也不是绝无仅有的这样说的人。实际上，最近这些时日读过这些讲座（文稿）的人众口一词。然而，目前，我还不知道关于黑格尔是否可以说同样的话。我们仍然还没有一套真正好版本的黑格尔著作，但是我们现在的确有一套好版本的海德格尔著作。因此，我才会说，这是一个海德格尔著作的好版本。

多托利： 那么，海德格尔原来的讲座会出现在这个版本中吗？

伽达默尔： 确定无疑。

多托利： 就像您在马堡听过的那样？

伽达默尔： 是的，是的。这好得太多了。顺便提一下，我必须说，总体上，不，不，——当然，我一直认为，海德格尔（142）确实具有超乎寻常的哲学想象力。我第一次看到海德格尔的眼睛时就理解了这一点。我告诉过您，我去马堡时是如何向他介绍我自己的。我向大学里瞥了一眼，看见远处一扇门正开着。突然，出来了一个小个子，后面跟着一个大个子。然后小个子回去并再次把门关上。我从来没有想到这就是海德格尔。我等了很长时间。最后，我敲门了，接着，那个来到门口，而这就是海德格尔。他的眼神令我印象深刻。

多托利： 那是一种很深邃的眼神吗？

伽达默尔： 一种富于想象力的眼神。我只在那里待了几分钟，他问我是否愿意和他合作写篇文章。那段时间里，他真的认为我才华横溢，而他为人极为坦率。他总是期望从他的学生当中发现能够帮助他的人。

接下来，在我学业即将结束之时，我二十三岁时，他想方设法让我和他一起工作，或者可以说，把我变成了他的助手。后来，他在意识到他一直身处其中的那种状态时，再次终止了和我的关系。那不是什么坏事，而且也没有给我造成困扰。有鉴于此，我告诉自己，我现在必须学习一些他无法做到的东西。——于是，我变成了一个古典语言学家。这激怒了海德格尔。他建议我别这样做，而我建议自己这样做。因此，我现在能够做某些他心有余而力不足的事情了。我希望他不要对此有任何怀疑。现在他每次为了古希腊语文本的阐释来找我时，我会抓住每一个机会使他理解一个事实，他的古希腊语还没有到运用自如的地步。这才是事情真正的状况——尽管如此，我一直充分地认识到，如果没有海德格尔，我永远不会体贴入微地理解古希腊语。例如，在他解读前苏格拉底哲学家的时候，……正是在这种情况下，假如他真想躲藏在前苏格拉底哲学家后面，那么，好吧——我看不出他有何动机要这样做。但是，最终他不得不殚精竭虑，避免不公平地以那种方式对待阿那克西曼德残篇的语言。那是绝对野蛮的。

多托利：所以，您根本不赞成他对于阿那克西曼德的阐释，是吗？

伽达默尔：我不会那样说。我只是想说，在这个句子的问题上，（143）在我们能够从根本上开始谈论它以前，我们应该坐下来，处理来自亚里士多德哲学的相应阐释。事实上，他压根儿没有这样做。您知道勒克拉姆出版社出版的我那本关于西方哲学开端的戋戋小册[①]吧？我相信，它在这个地方的处理更加具体，这是因为我的确发现了一条赫拉克利特的残篇。它是犬儒主义者希波利特（Hippolytos）列出的赫拉克利特的句子中的最后一条。那个时候赫拉克利特的句子特别流行，希波利特把它们搜集在了一起。但是这最后一条经常被遗漏，因为它和三位一体学说有太多共鸣而被认为是伪造的。这个句子读作，“父亲自身之所以成为父亲，是因为他生了儿子”。[②]希波利特认为这句话表达了三位一体学说的意义。职是之故，古典学家把它从赫拉克利特那里移除了。我也是最近才发现这个句子，它不在《前苏格拉底残篇》的赫拉克利特那一章中。我已经指出这一点，但是，我还是要请求您同意：它绝对是赫拉克利特的——父亲只是因为他

---

① 指《论赫拉克利特的开端》。——中译注

② 参见汉斯－格奥尔格·伽达默尔：《论赫拉克利特的开端》，载《伽达默尔著作集》，第六卷，图宾根，1985年，第232—241页。这整个句子在那里译作：“只要父亲还没有进入生成之中，那么，他就有理由被称作父亲。但是在他纡尊降贵，在他自身之中接纳生成之时，他的儿子就生育出来了，他就通过他自身而非通过其他人变成了他的儿子。”根据伽达默尔的阐释，“他纡尊降贵，在他自身之中接纳生成”这个短语真的是赫拉克利特的。——作者注

有儿子才成为父亲。只要你听到这个句子，它的意思明白无误。多么反常，居然没有人想到这一点。现在我们拥有的赫拉克利特高贵的句子又多了一句。

多托利：在以前赫拉克利特的命题被理解为一种对立的时候，它听起来像是一种黑格尔式的中介。

伽达默尔：是的。但是，情况也并非总是那样，因为还有很多其他的形式。事实上，这并不是真正的赫拉克利特，而是对他的一种描述。尽管如此，它确切地描述了——正如您正确地说出的那样——没有出现在赫拉克利特的其他句子中的东西。相反，句子的各部分一直只是在对立的意义上出现在那里。总而言之，我相信，我关于赫拉克利特的论文是不刊之论。但它不是全新的东西；我只是在这个流行的版本中重印了这篇论文。这是一种我并没有为之感到情绪激昂的经验——这篇文章本该在作品全集的某一卷册中发表，到那时为止，还没有在任何别的地方（144）出版过，但当它真的面世时，却是在一个普及的版本中。

多托利：以前您告诉过我，在您和海德格尔的关系出现第一次危机之后，您和他的关系又回到了以前的老样子，对吗？

伽达默尔：是的，在和他一起参加完我的各种考试之后，他想让我继续跟着他做教授资格论文，因为他察觉到，否则，弗里德兰德尔会很愉快地接受我跟着他做教授资格论文。最让我开心的是，我最近——

就在几天前——听说，海德格尔在给汉娜·阿伦特的最后书信中的一封里说，“你必须读一读伽达默尔的《真理与方法》以及他的《短篇论文集》第三卷”。正是这一卷包含我的那篇论文“现象学运动——胡塞尔与海德格尔”。提及后者倒没有让我喜出望外，但是提及前者真的让我惊愕不已——这是海德格尔唯一一次正面评价《真理与方法》。

多托利：所以，对于海德格尔所说的尼采毁了他这句话的确切含义，您真的不能做任何解释？

伽达默尔：我对此茫无端绪。在赫尔曼·海德格尔告诉我，海德格尔于他生命最后的日子反反复复说“尼采毁了我”之时，我才是第一次听说这件事情。他崩溃了吗？他完全困囿于尼采的思想而不能自拔吗？我们对此能够说什么呢？也许他已经意识到，他根本不能把尼采算作最后一个形而上学家，这一做法也许会对他把西方哲学完全设想或建构为他后来想要解构之“形而上学的历史”提出质疑。

多托利：如果把形而上学的历史理解为存在史，甚或是西方的存在－命运（Seins-Geschick des Abendlandes），那么，尼采的绝对的权力意志将会使形而上学的历史达到顶点。但是，那样的话，一旦尼采的绝对的权力意志——它构成了对于黑格尔的绝对知识的颠倒——再也不能被理解为绝对的形而上学原则，那么，形而上学史就会在自身之中塌陷。正如在黑格尔那里，历史被涵括进绝对知识的形态之中，在尼采那里，权力意志这个绝对的原则（145）也应该把历史涵括在自身之中。实际上，情况就是这样的——如果我们想要把历史阐释为同一的永恒轮回的过程。由此，也正是出于这个理由，海德格尔不得不把永恒轮回理解为权力意志的另一面，其原因在于他关于黑格尔和尼采的阐释具有内在的一致性。您真的认为海德格尔困囿于尼采的思想而不能自拔，是因为他意识到了这种阐释是不可能的吗？您本人认为，这种阐释——它将权力意志和永恒轮回如此紧密地联系在一起——真是站不住脚的吗？

伽达默尔：是的，事实上，我的确认为，这种阐释再也站不住脚了。同一的永恒轮回在尼采那里根本不具有这种蕴含，就像权力意志不能被理解为一个形而上学的原则一样。和所有宇宙论的阐释相反，我很早就提出了我对于同一的永恒轮回的阐释——它来自一种深刻绝望的状态，在写作《查拉图斯特拉如是说》期间，尼采正处于这种状态。在第三卷结束之时，他甚至打算自杀。这一卷的定稿的一个计划实际上包含查拉图斯特拉之死。这是第三卷末尾间接告诉我们的东西，在《另一曲舞蹈之歌》的最后部分，查拉图斯特拉和生命的对话被描述为灵魂和他自身的对话。也就是说，生命对查拉图斯特拉说：“你早已不像你自己所说的那样爱我了。我知道，你打算很快就离开我。”“但是没有人知道这点啊。”查拉图斯特拉回答说。最后，由于被日落的悲伤压倒，查拉图斯特拉和生命相对而泣。但是，在题为“七封印”的部分，第三卷明确的结尾请求我们“歌唱吧，别再说话！”。求生命的意志和对生命的爱直面自我意识的智慧，而这种智慧知晓了它自己的死亡。对于无常和死亡的必然性的知识，在同一的永恒轮回之中直面自己，就像求永恒的意志所做的那样。我们无法通过自我意识——通过逻各斯或者通过词语——解决冲突，而只能通过歌唱，我们在歌唱中再次获得了游戏着的儿童的天真。规劝歌唱（146）是一种可能的对于死亡的胜利，而对于死亡的克服就存在于对永恒轮回的接受之中——它和这种克服一样悲哀而困难。通过声明“歌唱吧，别再说话”而得到肯定的，是对于生命的永恒性的渴望，而非一种形而上学的理论。[①]

多托利：但是，如果最终海德格尔也承认这一切，并且因此而承认把尼采当作最后一个形而上学家或者西方形而上学的完成之不可能性，那么，我认为，这并不会导致他因为尼采而精神崩溃。如果我们想要寻求另一种解释，那么，我们也许可以考虑您刚才关于

① 关于这个部分，参见汉斯－格奥尔格·伽达默尔：《尼采——对跖者，查拉图斯特拉的戏剧》（1984 年），载《伽达默尔著作集》，第 4 卷（图宾根，1987 年），第 458—462 页。——作者注

海德格尔所说的话，您说他是一个一直在寻找上帝的人。难道您不认为尼采有可能在这方面毁了他吗？——既然尼采明确地提到上帝之死。

伽达默尔：当然，可能的是，上帝死了这种观点代表一种震惊，确切地说，不仅是就他的思想而言，事实上也是就他的生命而言。但是从他的儿子赫尔曼·海德格尔那里我们一无所获。就在海德格尔去世前几天，我还去看望了他。我在弗莱堡，去他家拜访了他。他和他太太下楼来迎接我，后来，我们喝了一种味道醇厚的酒，他总是会收到各种佳酿，这是那些忠诚的崇拜者送给他的礼物，但是家人却再也不允许他开怀畅饮。不过，从哲学上说，他的确没有高看过我。

多托利：您最后一次去看海德格尔时，他和您说了些什么呢？

伽达默尔：哦，他是这样起头的："你说，语言是一种对话，是吗？"我回答："是的。"我们就是这样开始的，但是它没有走得太远，因为我可没有您那次在海德堡展示的那种天才。[①] 您清楚地知道他想要达到什么样的目的，而且总是能够对答如流。(147) 这和

---

① 这里指的是1970年在伽达默尔七十岁生日那天在海德堡举行的讨论班，海德格尔参加了这次讨论班（参见本书XIV页以降）。在讨论班上，我（多托利）回答了海德格尔提出的一切问题，因而使讨论班（Seminar）变成了一场气氛热烈的讨论会（Diskussion）。——作者注

我的情况不一样。如果我设法让自己进入问题，那么，也许我们就可以不断深入，最后可能导致出现一场以他的论文“通向语言的途中”[①]为榜样的有趣对话。另一方面，您可以环环相扣地支持他。是的，那样令他非常开心。现在我已经学会欣赏您是如何做到这一点的，只是我可能无法改变我习以为常的方式。我没有那样的天分。事实上，您从我的所有著作中可以看出这一点：大部分人都能说出某种东西，然后，他们能够谈论它，并且绘声绘色。但是，我却没有这种预先组织好的纲要。

多托利：最后一场对话中，您没有和他讨论尼采以及他因为尼采而陷入困境之事吗？

伽达默尔：噢，没有。我还不知道这回事。我是在他去世之后才对此有所耳闻的。

多托利：我们还是回到他那个关于一个新神的思想吧。也许我们应该认为，这个新神——或者说这个最后的神——是在上帝死了之后出现的，尼采在《快乐的科学》中借疯子之口宣布上帝死了，而海德格尔却直接把它阐释为基督教的上帝死了。我们也可以认

① 伽达默尔在这里应该是指海德格尔《在通向语言的途中》一书中一篇题为“从一次关于语言的对话而来”的文章。据海德格尔自己说，这篇文章“系因东京帝国大学的手冢富雄教授的一次来访而作”，当然，海德格尔的文章和他们真实对话的记录稿相距甚远，前者是他的创作。——中译注

为，这个新神正好指出人类自身的一条新道路的方向，人类在失去对于基督教上帝的信仰之后必须踏上这条道路。那么，这个最后的神是有关存在于一切宗教之中的神圣者的真实思想吗？也就是说，它是没有基督教神学或者没有任何形式的神学的超越吗？——因为神学随基督教的上帝之死而寿终正寝了。

伽达默尔：也许是，但我不敢完全肯定。我不能给您一个确定的回答。

多托利：但是，如果人们现在从海德格尔那里掉过头来，想要再次阅读雅斯贝尔斯，原因是什么？难道不正是在于海德格尔的此在之分析和雅斯贝尔斯的实存的阐明之间的区别，以及构成这种区别的所有东西吗？

伽达默尔：差别在于海德格尔澄清西方思想从存在走向世界、从存在走向存在者的那种错误步骤的激进方式。雅斯贝尔斯从根本上规避了这一点——尽管是以抒情的方式，他通过实存的阐明来表达自己在这个问题上的看法，他没有看到，海德格尔对于此在的分析和他对于此在的极力坚持（148）如何构成了一种真正的存在批判，存在又是如何从西方形而上学的角度得到理解的。我认为，您还必须更加坚决地看到这一点——最终，从雅斯贝尔斯的观点来看——我们甚至可以把海德格尔看作是一个富于想象力的疯子。我们真的想要废除这种错误的运动步伐，并断定它是完全错误的，以便我们可以重新回到巴门尼德吗？通过从西方思想史的终结向后回溯，海德格尔仔细思考了它的全部过程。直到李凯尔特向我指出，事实并非如此，甚至我都认为，这可能是在与巴门尼德同行。

多托利：您指的是李凯尔特那本关于一的多重含义的名著吗？——在这本书[①]中，人们把数学的一和作为形而上学原则的一区别开来，同时也把前者和作为存在者整体的统一性（Einheit）区别开来。海德格尔（据我所知，您本人也是如此）对于李凯尔特敬重有加，更多的不就是因为这本著作，而绝不是基于他的价值哲学吗？

伽达默尔：是的，当然。

多托利：我清楚地记得，1970年冬天，海德格尔本人为了给您庆祝生日而旅行到海德堡，参与您主持的最后一场讨论班的情形。在讨论班中间，恰好在谈到统觉的先验统一性时，他提了一个问题："在这里，'一'这个概念是什么意思？"我回答说，存在必须被思为某种具有统一性的东西，必须被追溯到一个具有统一作用的核心——如果它要在根本上得到理解的话。他摇了摇头，直接说："但是，为什么在原初的希腊思

① 参见海因里希·李凯尔特：《一、统一性和某一》（*Das Eine, die Einheit und die Eins*），J. B. Mohr（Paul Siebeck），第二版，图宾根，1924年。——作者注

想中，存在变成了一？”我坦率地承认，我还没有弄清真相。[①]那么，您是否认为，“存在”和“一”不是同一个东西，巴门尼德的 *eon* 并不意味着 *on*（存在的东西）和 *hen*（一）在它们自身之中是统一的？（149）也正是因为如此，我们不能在巴门尼德那里看到西方形而上学和西方科学的开端。

伽达默尔：我不得不往回追溯，以便能够发现西方科学的开端，而它已经存在于苏美尔人那里。尽管直到古希腊科学出现之前，仍然不存在数学（这一点我在前面说过），这一点千真万确，只有在古希腊科学出现时，人们才有了数学公式。在埃及人那里，他们在这方面拥有的东西并不是科学（数学），而只是一种测量的专门技能。如果海德格尔更加诚实或者更加首尾一贯，那么，他就会看到这种困难，也许就会把哲学的或形而上学的思想与一种精确的科学区分开来，还会把前者与一门把存在者整体当作认识和测量的对象的科学区分开来。

现在，海德格尔总是在对待我的行为中表现出骄横狂妄的样子，他总是说，“哦，当然，他所做的一切一直只和解释学相关”。然而，事情和他想象的样子有

---

① 我发表了这次会议的记录稿。参见里卡尔多·多托利：《汉斯－格奥尔格·伽达默尔<黑格尔的辩证法>一书的批判性附言，附论黑格尔、海德格尔和伽达默尔的关系》，载《贡献》（*Bijdragen*），第38期（1977年），第176—192页。——作者注

些不一样。这并不是说我用解释学建立了一门新哲学。我这样说是因为我是在和你们这群年轻人说话。要承认这一点！——您将不再认识任何东西，但是我认为苏格拉底也会这样说。事实上，我现在必须也对您的同胞说——维阿诺（Viano）和其他人——为什么你们看不到这一点？我真的不能理解这一点。实际上压根儿就没有一个体系，这些图宾根的人真是疯了。我在17世纪以前的哲学中没有发现任何体系。这种系统阐述（Formulierung）首先出现在苏亚雷斯（Suárez）那里。

多托利：我认为不完全是在苏亚雷斯那里。他的确系统阐述了一个体系，但是他没有谈论各种体系。我认为最早使用这个术语的是一个笛卡尔主义者，他首次引进了“本体论”（Ontologie）这个词，它随后变成了一个体系的基础。

伽达默尔：这基本上是正确的，尽管不是绝对正确。但是，我们可以看到，原则上这种观念是从这里发端的。我在此再一次仔细检查了这一点：哲学中不存在任何一个这样的例子，在这个例子里，于哲学中出现了*systhema*（体系）这个词。它必须讨论星辰，它必须讨论音调，以及所有诸如此类的东西——但是实际上它和哲学毫无关系。

多托利：嗯，似乎最近这段时间里，哲学想要再次和体系了无干系。但是，另一方面，（150）如果我们并非想要从事纯粹分析性的哲学，那么，哲学就再也不去寻求确定性了。相反，它关乎生命、世界和人的意义的终极回答。您认为，存在的意义问题——它在海德格尔那里变成了最后的神的问题——最终会走向这个方向吗?

伽达默尔: 是的，我想，海德格尔认为，工业革命证明自身不可容忍到了这样的地步，它将会导致人跟人之间的一种新的团结，而且也许会导致一个新的神。

多托利: 这就是那个最后的神吗?

伽达默尔: 是的。我和他曾经就此专门进行一次对话。

多托利: 最后的神，还是新神?

伽达默尔: 不，是新神。有一次，我问过他:“为什么您把您自己的遗作留给马堡的国家图书馆? 毕竟，那里的人不能恰如其分地利用您的那些东西——他们并没有一个哲学图书馆。”“是的，是的，”他说，“我当然知道这一点。我本应该把所有这些捐给弗莱堡图书馆，毕竟我曾经在那里担任教授。但是，最终，我从我儿子那里了解到，他们在马堡有很多挖得很深的收藏珍宝的地窖，里面埋了很多珍贵物品。”“那么，您的东西必须要放在那里吗?”我问道。“不，”他回答说，“我的手稿现在根本不重要了。”“显然不是这样。”我说。“不，”他回答说，“对我来说重要的是，我们现在抵达了一个新的方向——人类赢得了一种新型的团结。”

多托利：从雅斯贝尔斯的角度来看，这是不是不可思议？

伽达默尔：嗯，是的。

多托利：因此，您认为，解释学应该在这种意义上被理解为在诸宗教和诸文化之间的理解，而且您认为，与尼采相比，在这个方向上，海德格尔向我们允诺了更多的东西。

伽达默尔：我相信，实际上，对话只有在这种意义上才能成功地进行。这是唯一的出路——别无他途。

多托利：那么，甚至不能是对于（雅斯贝尔斯意义上的）启蒙的信仰，或者也不是信仰的心理学化？

（151）**伽达默尔：**是的，是的，实际上，它不能这样。如果您愿意的话，我意指的是一种关于超越的宗教对话。我不想断言，我看到的同样的东西不能借助于雅斯贝尔斯的超越概念来进行描述。然而，问题的关键在于，启蒙是我们的事务，而不是整个世界的事务。如果我们说，我们想要把我们带到和伊斯兰世界的相互理解之中——在目前，这是一切事务中最困难的事情，而且在某种意义上说，它是最具有本质重要性的事情，那么，它将给我们带来许多非同一般的东西。现在，在我们之间存在着巨大的分歧，但是最终，在伊斯兰世界也有左派和右派之别。在他们那里甚至发生过一场运动，这场运动并不只是严格地遵守它以前习得的东西。它的意思是："我们必须调整自己，以适应现代世界，我们可以冒险一试。"我能够想象这一点，但是，当然，我没有权利想象它，因为我们离那样一种事情仍然非常遥远。尽管如此，我想要捍卫一个唯一的句子，这个句子读作，畏（Angst）是一种所有人都具有的自然本能。因为我们处在我们的幸存端赖于我们的行为这样一种高度不幸的状况之中，我们深深地被畏所困扰。因此，海德格尔频频引用谢林的一个著名的句子："因无而生的畏驱使着被造物远离他们的中心。"

多托利： 这个畏和海德格尔实存分析中的那个畏是同一个东西吗？或者说，您认为，它指的是完全不同的另一个东西？

伽达默尔： 我不知道它们是否是同一个东西。然而，对我来说变得清楚明白的是，海德格尔是一个具有强烈宗教感的人，而且，在这种意义上，他是一个郁郁不得志的思想家，而他自己对此也心知肚明。但是，这就意味着，他思考的东西不是错误的——在对人的实存进行分析时，他走在正确的道路上，他的想象力极为丰富。相反，雅斯贝尔斯的想象力没有这般丰富，在他的思想中有些愚蠢的东西。

多托利： 所以您才会说，实存的阐明是一种对人的心理学化的分析？

伽达默尔： 是的，而且是一种资产阶级的道德。

雅斯贝尔斯比他自己想到的更为资产阶级化。与之相反，海德格尔一直是一个农民。

多托利：也正是因为如此，海德格尔和自然有一种更直接的关联，而（152）雅斯贝尔斯确实是一个城里人，而这也就导致解释学的都市化更有可能在雅斯贝尔斯那里出现，对吗？

伽达默尔：是的，绝对是这样。但是，我颇感奇怪的是，您在雅斯贝尔斯身上花了这么多工夫——这对我来说不可理喻。实际上，很长时间以来，我问自己（完全在您的问题框架之内），实存的阐明对于海德格尔来说是否是一种完美的、优雅的阐述——毫无疑问，它是的。与此同时，我看到，不同的东西今天是如何变化的。从根本上说，我们都在直接走向全球性的危机。但是，在我们已经通过科学而达到这样一种状况——我们自己威胁到了这个星球上的生命——之后，我们必须扪心自问，是否存在任何东西可以阻止我们允许那样的事情发生。很有可能不存在这样的东西。我们试图不高估原子能，但与此同时，化学的进步如此巨大，以至于我能想象，这个世界的毁灭不会始于先发制人（den ersten Schlag）。因此我认为，某个萨达姆·侯赛因或者某人会跃跃欲试，这是不可避免的——我们对人性不要再有任何期待。只要这种事情发生一次，只要地球经受一次这种灾难，无论这种灾难来自原子能还是来自化学产品，也许武器就会成功地促使我们把技术的背景组织起来，而世界观（Weltanschauungen）从未在任何事情上取得过成功。

多托利： 所以，只有启蒙是不够的？而根据雅斯贝尔斯的观点，启蒙就足够了。

伽达默尔： 是的，启蒙太势单力薄了。也就是说，我认为，人性很有可能沿着这条半灾难性的道路走下去。它甚至可能会变成一种我们既不能控制又不能预测的流行病。任何东西都可能造成这种状况，因此，我们的畏要让人类暂停一下。如果畏（姑且这么说）对每一个人构成威胁，那么也许就存在一种希望，即人们会逐渐以某种合乎理性的方式理解超越的概念。也许人们会开始反躬自省，为什么我们出生不需要请求同意，我们死亡不需要请求同意，以及诸如此类的问题。

多托利： 这些都是宗教问题，对吗？

伽达默尔： 是的，归根结底，它们是宗教问题。

多托利： 迄今为止，宗教也许犯了错误，它想要把它的标准强加于人性之上，它（153）想要主宰人性，或者用海德格尔的术语来说，它成了“帝国主义者”，对吗？

伽达默尔： 是的，这种滥用总是在全部神学中一再出现。

多托利： 那么，我们想要用这种对神学的控诉结束我们的对话吗？

伽达默尔：不，我没有任何东西要反对神学，正如我们说过的那样。神学，尤其是在德国，在宗教改革时期的政治与文化论战中起了重大的作用，对于磨砺和精炼我们对于宗教、伦理和哲学问题的感受力贡献良多，更不用说它对于解释学的起源的贡献了。我只是想要警告，在神学变成一个国家内部的教会帝国主义的工具时，不要滥用神学的学说。这种罪责并不取决于神学自身，而是取决于神学对某种学说的屈从，取决于与屈从教会权力相伴而生的那种宗教情感。

多托利：那么，在您看来，什么是宗教情感呢？

伽达默尔：它对我们来说是一个无法回避的问题，也许它是一种希望。或者，毋宁说，它是一个在我们的共同理解中把我们联合起来的任务。这种终极的伦理任务绝不可以与我们追问和理解我们自己的实存的那个任务分离开来。

（155）

附录 肖像与对话

朵拉·米滕茨威绘制的伽达默尔的肖像，名字叫作“哲学家自身”，于2002年3月21日在海德堡揭幕。海德堡大学和海德堡市的许多代表出席了揭幕式，里卡尔多·多托利教授发表了如下的书面讲话。出版社愉快地感谢得到授权，在这里呈现讲话文本。

一幅肖像画，如果它是一件艺术作品，就既不是为了颂扬某个个人，也不是一种对于一个人的外观或者一个人格——如果真有这么一个人的话——的客观再现。那么，一件艺术作品的真正目的是什么，尤其是，声称是“一件艺术作品”的肖像画的意图是什么？

也许，一件艺术作品真的是源于从日常实在的限制中解放出来的渴望，源于超越现实的需求吗？或者用康德的话来说，是源于对有用的东西了无兴趣，源于（像尼采所说的那样）求取生命的渴望和生活意志的提升的意志吗？我们可以看到，在现代艺术中，艺术作品是如何扰乱事物或世界的外在的、外表的显现的，其目的在于能够走入深处，或者增强直观和感知的潜能，并且因此而通过形象创造、交流某种新的东西。来源于这种对通常的外观之扰乱的震惊效果或挑战，有助于精炼我们的感觉，提高我们的能力。我们也许可以像海德格尔那样，通过谈论与真实的存在打交道而看到艺术作品的真理价值。

所有这一切也适用于一幅肖像画吗？或者，我们必须从一个不同的角度看待肖像画吗？也就是说，从这样一个角度，我们再也不能亲承謦欬的一个人，从我们身边远去了，或者是因为不同的生活环境，或者因为他的故去。这时，我们渴望保存这个非常熟悉、与我们亲密无间的人物的形象吗？我们是要用肖像画来保持那个人的形象或在场，不仅是在我们的记忆中，而且是在我们的眼前，以至于我们仍然可能继续产生一种熟悉的、与他相聚在一起的感觉，（156）我们能够像他们说的“和图像生活在一起”吗？不是可以通过所有的图像或者所有的照片达到或者带来同样的效果吗？

我们在这里会看到，肖像作为艺术作品，如何不同于现代复制技术创造的客观再现。今天，我们赋予摄影术以某种艺术价值，因为我们假定——或者摄影术自身假定——它不是一种纯粹的技术复制，而是它再现的那个东西的存在，它以某种方式丰富了它再现的东西，允许它在新的面相和阴影中出现。情况肯定就是这样，事实上，这是伽达默尔首次强调的东西。然而，照片并不能超出它描绘之物的存在的新阴影，以便能够继续与投射在主体（Subject）、他的脸上或某个部位的光做游戏。相反，如果我们愿意，它本质上依赖于它的对象或者主体，因为照片的外观必须呈现自身，而不是由一位艺术家的行动创造的。

然而，画家的肖像画的状况与此不同。画家创造出被再现的那个人或者说从他自己外部来描绘的那个人的外观、显现、表达、态度、方式和步态，所有这一切都是自由创造的产品（Produkt）——如果人们能够像在摄影术的复制中一样称呼它为“产品”的话。但是，我们不能说“产品”或者“复制”。相反，我们谈论的是一位艺术家的“作品”（Werk），我们用“作品”指的是，作品中的一切东西都依赖于艺术家，它们是由艺术家生产出来的。被描绘的这个人是艺术家的艺术作品。人们也可以提出反对意见说：“确切地说，这个作品是什么？通过这件作品创造出来的东西是什么？”

前面我们没有谈论，用海德格尔的术语说，通过艺术被呈现的真实存在吗？但是，如果艺术家把他自己的作品放在合适的位置上，这种真实的存在又是如何得到保存的呢？相反，我们是不是不应该说，艺术家改变了被描绘者的真实存在，并且用艺术家自己的意图或者他的意象代替了它呢？

肖像画的传统教导我们，每一幅肖像画、每一个头脑、每一尊半身像或者雕像总是一种阐释，总是依赖于时代的风尚、占统治地位的意识形态或者艺术家自己的个人偏好。在古代，肖像画或者雕塑总是对于君主或者统治者、最伟大的将军的颂扬，他（157）站立在那儿，一副君临天下的样子，目光炯炯有神地凝视着远方他保卫过或征服过的土地，或者只是朝向遥远的未来或他的国家的命运。我们可以回忆一下，所有这一切是怎样在基督教纪元时期发生改变的。这时，它被耶稣或玛利亚或某位圣徒的痛楚的目光所取代，这些人物在他们痛苦的凝视中、在他们对于苦难的逆来顺受的姿态中，期望着救赎。最后，我们回忆一下，在文艺复兴时期，我们是如何发现代替这些受苦的形象的，是呈现在某个视角中的站立着的人，以及在他完全个体性的凝视中，他是如何被描绘成宇宙的中心的。这实际上就是主体性和自我意识的发现，这种发现反映在这种核心的视角中，这种发现使我们更加靠近我们可以在伦勃朗、委拉斯开兹和戈雅作品中看到的对于主体的心理化的分析。直到后来在洛可可时期，这种主体性由于被吸纳进人的灵魂之中而再次消失了。而最后，它转变成了肖像画体裁（Genre-Portraet）。

我们应该从我们的文化史里肖像画的发展历程中得出什么样的教训呢？它与上面提到的海德格尔和伽达默尔的名言——艺术应该理解和表达存在的真理——之间有什么关系呢？相反，难道我们不应该说，艺术是一种不断地改变自身的阐释，是一种使自身受制于时间之流的阐释吗？自伽达默尔以来，我们已经知道，不断变化的阐释并没有削弱真理的要求，毋宁说，它允许自我揭示的存在涌现出更新的方面。然而，我并不认为，我们借助这一点就切近了肖像画的意义。我们只是从晚近的肖像画的历史中了解了它的真实的意义。

现代艺术精神重新提出了一项任务：取消肖像画体裁的直接的外观，而用某种迥然不同的东西取代熟悉的形象。由此，我们不再能够认出画中描绘的那个人——或者至少，乍一眼看过去是这样。我们意识到了，在确认的凝视和承认的凝视之间（zwischen erkennendem und anerkennendem Blick）做出的那个著名的区分。形象被完全伪装了，或者被完全歪曲了，甚至只有一个完全不同的承认的迹象（Anerkennungszeichen），代替了形象而被展示在肖像画之中。我假定，许多人都很熟悉著名的展览《毕加索和他的女人》。那次展览是荣休主任和著名的艺术史学者威廉·鲁宾在纽约现代艺术博物馆组织的。（158）这次展览的副标题是“再现与阐释”。[1]因此，鲁宾代表了这样一种观点，对于毕加索爱过的那些女人的变形的表现，是一种阐释。然而，用“阐释”（Interpretation）一词——无论它是对文本或作品的阐释，还是对他人表达的阐释，甚至是对上帝的词语的阐释——在我们的语言中或者经过我们的理解，通常是指个人的解释（die persoenliche Auslegung）或者再现。阐释总是把我们听到、看到、读到的某些东西从一种语言翻译成另一种语言，或是对那些东西的再现。当然，这种再现预设了我们的理解，而且通过我们的理解可以达成。在其中，存在着深化那种理解的可能性以及个人穿透到被阐释的现象之中的可能性，无论它是一本书、一条法律或一首音乐，还是一个我们的认识对象、一个事件或不同事件之间的复杂联系，或者是整个世界。所有这些理解都预设了批判，它要么被表达在解释之中，要么自身就是批判性的解释。这也许也适用于艺术作品，在艺术作品经受艺术批评家的批判性解释之前，艺术作品自身就是对被再现之物的一种个人的解释，也就是批判性的解释。然

① 这次展览的完整的标题实际上是“毕加索和肖像画：再现和变形”，而不是“再现和阐释”。威廉·鲁宾为了给展览提供引导，还专门写了一本题为“毕加索和肖像画”的书（泰晤士和哈德森，1996年版）。——英译注

而，有了肖像画，我们就在处理某种完全不同的东西，而了解这种差异的最好方式是通过一幅这样的肖像画，即它有一个卓越的题材——一位哲学家或者 *ho philosophos autos*。

在毕加索数以百计的肖像画中，他研究了他的玛丽·特蕾莎的脸、身材、表情和眼神，随心所欲地将它们变形——不是以那种专断任意的方式，而是以随心所欲地允许她的性格、她的精神、她的人格意识和她独特的秉性中本质的东西，在每一时刻中借助这种变形而显现出来的方式。这就不仅预设了对要描绘的这个人的一种观察或察看，而且预设了她和他之间的一种深层的共性、一种真正的交流，或者像我们更愿意说的，一种对话——即使那是一种和所爱之人的沉默的对话。这一对话通过凝视（Blick）发生，我们所有人都熟悉这种对话。但是，这场对话所说的东西也许远多于说出的言词，它通过一个形象，也就是，通过肖像画再现出来，也许会更好——如果我们有能力做到的话。就像在我们前面说过的那种阐释过程之中，在他者的凝视里逐渐得到深化的东西，远比在其他任何现象中（159）静静地得到深化的东西要更多。

我们阐释的对象是我们可以设身处地地为它着想的或者我们可以全神贯注于其中的一个文本、一个复杂的事态或者是一个现象。但是，在所有情况中，我们的阐释总是涉及猜测或者理解这个或那个对象的问题，我们的对象总是保持为有待阐释之物，即使它是一个事件。然而，在对话中，情况并不是这样。在对话中，站在我们面前的是活生生的人，我们不仅倾听对方的言辞和试图猜测它们的意义，而且，我们事实上可以通过他们的凝视，窥测和穿透到对方的灵魂之中。我们的回答或者我们的问题是在对话自身之中的穿透的成果——出于好心而以语言的方式进入他者之中（das sprachliche wohlwollende Eingehen），我们在对话之中传达并完成的就是这种进入。对于一位艺术家来说，这种进入可能会更加有力，而在这种情况中，这种穿透的回答或者果实就是肖像画。

因此，肖像自身就是一种对话，是对出于好心进入他者的灵魂之中的再现，是对人们通过他者的凝视和相互凝视到对方之中而使秘密真相大白式的再现。每一幅肖像都预设了这种逐渐进入他者，这种眼睛和凝视的静默的对话，而不仅是心理的观察和分析，这种心理的观察和分析之出现，是因为某些重要的肖像属于肖像画过去的历史和它那受到历史决定的前理解。当然，我们在哲学家本人的这幅肖像之中获得的关于我们自己的东西，因为下面两个原因而处于一种更加有利的情况。首先，伽达默尔本人是提出“对话既是他的哲学的意义，又是他个人的生命直观的意义”的哲学家。其次，我们可以（和柏拉图一起）说，哲学自身，对真理的寻求，就是对话，并且涌现在对话之中。因此，“哲学家本人”（*philosophos autos*）必须在对话的姿态和活生生的对话之中得到显示。我们在这里可以看到，这位女艺术家的确触及和描绘了伽达默尔的灵魂、他的人格和他的哲学的意义——从一场和他的静默对话之中，哲学家本人的本质和哲学的本质，都对她作为一场对话而敞开着。

所以，在这个例子中，艺术家向我们指出的不是（通过她这件独一无二的作品）她如何用一个其他的东西代替真实的东西，而是指出她如何允许本质的真理或者存在的真理闪闪发亮（160）——既不是作为客观的复制的再现，也不是作为纯粹主观的阐释。任何阐释都是一种真正的阐释，如果它揭露了某种本质的东西，并涌现在被阐释者的存在之中，却不必纯粹地阐明这个课题。这也就是艺术的情况。它一直向我们显示某种本质的东西，然而，它也一直向我们显示某种新的东西。

但是，我们也可以看到，与其他类型的艺术（例如，绘画）相比，本质的东西在肖像画中发挥作用的方式迥然不同；在肖像作品中，它不仅允许它的对象，亦即，它要描绘的那个人的精神，以这样一种方式出现，它还把一个他者——它自己的某些东西——放到它的对象的位置上。因为肖像是一种对话，必须要处理和他者的活生生的精神之间的交流问题，所以，它主要操心的是允许他者的真实的精神——他的熠熠生辉的真理——出现，或者，像海德格尔正确地认为的那样，把精神带入无蔽状态之中。这也就是关于艺术家与她描绘出来的对象，我们可以说出的那些东西。

但是，我们自己，观看者，又当如何呢？借助于它那种用灿烂夺目的色彩向我们致辞的再现，作品想要对我们产生一种什么样的影响，而它又应该对我们具有什么样的影响？什么是美？——那令我们愉悦的东西。也许美就是参与那场静默的、只是通过闪耀和外观说话的对话吧？这种“令人愉悦”只是表达或感性的符号，或者，它是我们以如下方式参与某物之中的证据吗？——我们通过它享受自身，就像康德正确地认为的那样。也许。但是，也许它是某种更多的东西。在这个特殊的状况中，我们所有人都认识这个被描绘的人，我们和他有着如此紧密的关联，我们仍有能够继续参与一场对话的印象——即使活生生的出场已经失去。这种形象是如此成功，以至于我们会一直把这个被描绘的精神放在我们面前，我们会继续参与这场对话，只要我们被允许站在这个形象的面前，观察它。

这就是我们要感谢这位女艺术家的理由，她把这场对话召唤入这个形象之中，并且把它设置入作品之中。我们要感激捐赠者，她通过她的捐献使我们有可能继续和这个形象生活在一起。我们感谢它给我们带来的欢乐和期待，期待能够使伽达默尔时常以对话的姿态、(161)以他的精神出现在我们面前，并继续和我们一起参与对话。

里卡尔多·多托利

译后记 未济的对话

一切真正的哲学思考以或隐或显的方式都是对话，是争执。柏拉图的《对话集》固然是和以前的一切哲学家尤其是智者之间的对话。亚里士多德的“吾爱吾师，吾更爱真理”也以一种含蓄的方式表明了自己思想的对话性质。海德格尔所说的“我的全部工作不过是重新解释西方哲学史”或他的解构工作，又何尝不是对话？而伽达默尔更是把对话作为他的解释学哲学的研究对象和关键词。

从表面上看，摆在我们面前的这本伽达默尔与意大利哲学家里卡尔多·多托利的《20世纪的教训——一部哲学对话》，是伽达默尔寿登人瑞时和多托利之间的对话，而换一种眼光看，它是伽达默尔在生命最后的阶段，就他的哲学中几个最根本的问题与几位哲学家之间展开的对话。用他本人的话来说，“无论如何，我们没有把这一旅程理解为一趟回乡之旅，而是把它理解为对一种哲学之前提的一次重新确定，这种哲学参与一种负责任的、与它的时代及其挑战的和解之中”[1]。伽达默尔在这段话中指出，这些对话不仅涉及哲学的前提问题及根本问题，并且把哲学的根本任务与时代所提出的挑战联系在一起，一如既往地强调了他的哲学的实践性质。值得一提的是，这一系列对话看起来在很多领域信马由缰，但是实际上构成了一个以“对话”为核心的理论框架。

二

形而上学的命运问题在20世纪的哲学历程中显得格外突出，宣告形而上学的终结似乎成了各种哲学的时髦的口号。对伽达默尔关于形而上学本性的思考影响最深的首先是马堡学派的新康德主义，最终是海德格尔。“我记忆犹新的是，海德格尔身上攫夺住我的东西不是形而上学的复活，而是对于形而上学本性的重新思考。确切地说，是以下面这样一种方式，即实存问题（Existenzfrage）变成了它的主题，而时间和有限性问题也因此变成了它的主题。就这样，我们有了一种有限性的哲学，如果您愿意，也可以说同时有了一种时间性的哲学。”（第2页）伽达默尔和“纳托普手稿”之间的故事已经成为哲学史上的美谈。当海德

[1] 本书第Ⅰ—Ⅱ页，以下不再说明出处，仅标注页码。——中译注

格尔1971年祝贺伽达默尔获得德国最高科学荣誉骑士勋章时，后者以谦恭的态度回复说："我可能不必对您说，我非常清楚，我是作为您的代表去接受这项荣誉的，而且不只是在一般意义上或人们感谢他的老师的意义上。我也非常清楚，鉴于您的原创思想有着难以理解和难以接近的名声，我的中庸倾向和优柔寡断几乎成了解释学的原则，使得我将之变得易接近和可接受。"伽达默尔的表述虽然有谦虚的成分，但是仍然道出他们的思想之间关系的某些实情。正是在海德格尔的引导之下，伽达默尔摆脱了关于价值的形而上学和新康德主义的影响，不过，伽达默尔从来都不是对海德格尔亦步亦趋的应声虫，而是从一开始就走上了自己独立的道路，而这首先表现在他对"一种有限性的哲学"的理解上。

在传统的理解中，形而上学是关于存在本身的学说，而且这种存在的概念与善的概念和价值的概念联系在一起。一直到早期伽达默尔所属的新康德主义依旧坚持这种基本的理解——虽然它用范畴和价值分别规定事物本身和我们人的存在方式。其实，先于舍勒和海德格尔，尼采已经通过以人的实存视角讨论人和存在的关系，而把单纯的存在逐出了哲学。海德格尔明确地通过此在的"在－世界－之中－存在"探寻存在的意义。虽然是在海德格尔的启发之下，伽达默尔摆脱了新康德主义的影响，并注意到实践智慧（*phronesis*）

的真正意义，且把伦理学作为第一哲学，但是，他与海德格尔不同的地方在于，（他对于海德格尔的批评在于，）伽达默尔认识到此在（Dasein）的存在方式必须是诸多此在的杂然共处，而这必然导致一种对话哲学。

海德格尔的《存在与时间》仍然逗留在基础存在论之中，而在基础存在论的核心问题"在－世界－之中－存在"中，海德格尔对于此在的生存论分析表明了此在的"孤独"性质。正如张志伟指出的，"所以，当海德格尔讨论此在与他人的关系时，他不是从人际关系或者社会关系的角度，而是从生存论的角度，分析此在和他人的'存在方式'。换言之，生存论视野中的此在与他人，不是具有现成性的自我与他人，而在根本上是此在与自己的存在之间的关系，由此我们可以理解为什么《存在与时间》中虽然说到了'他人'，但是'他人'最终消失了"[1]。伽达默尔几乎见证了《存在与时间》的形成过程，他极其熟悉海德格尔早期的思想道路及其基本内容，与此同时，这位从一开始就有着自己的"思想道路"的学者看到了海德格尔的此在概念中存在的根本问题。虽然同样是从亚里士多德的《尼各马可伦理学》出发，虽然都对 *phronesis*（实践智慧）情有独钟，但是，海德格尔从中得出的是被很多学者称为

---

① 张志伟：《海德格尔哲学的"伦理学问题"——以〈存在与时间〉为中心的辨析》，载《哲学研究》2022 年第 2 期。

“把《尼各马可伦理学》中的伦理学存在论化”的基础存在论，而伽达默尔认为自己的独特之处或者说更正确的地方，是把 *phronesis* 和对话联系在一起。在伽达默尔看来，“海德格尔没有能力承认他者的存在这一事实，是他身上的一个重大缺陷”（第 6 页），至于《存在与时间》之中的共同存在（Mit-sein）概念，“对海德格尔来说，共同存在是他不得不做出的让步，但是他从来没有真正地支持这种让步。即使在他已经发展出这种观念的时候，他也根本没有真正地讨论过他者”（第 7—8 页）。

对于海德格尔来说，最根本的问题是存在，而在伽达默尔看来，最根本的问题是对话，是 *phronesis*，确切地说，是通过对话而发展出 *phronesis*（实践智慧）。这样一种有限性的哲学，首先，从它的来源上说把柏拉图的和亚里士多德的伦理学翻译成了对话。其次，它还从人的有限性的角度揭示了它自身不会成为相对主义的牺牲品，相反，它再次证成了有限性，用伽达默尔的话来说，“我们承认我们所有知识的限度，一切知识正好受到它自己的历史处境的限制”（第 18 页）。最后，我们必须注意到他者的重要性，而这本来是海德格尔拈出的“被抛状态”的应有之义，是海德格尔最初的思考中蕴含着但没有展开来，而后来被伽达默尔视为哲学的最根本问题的东西：“我们的有限性或者我们的‘被抛状态’（Geworfenheit）的真实意义存在于以下事实之中，即我们不仅意识到了我们受到历史的制约，而且我们首先受到他者的制约。正是在我们与他者的伦理关联之中，我们开始清楚了，正义地对待他者的要求或者甚至只是意识到这些要求是何等困难！唯一一条不屈服于我们的有限性的道路是，让我们自己向他者敞开，倾听站在我们面前的‘你’（Du）。”（第18—19页）

二

在西方哲学研究中，与西方的理性主义传统如影随形般携手并行的修辞学传统一直没有得到足够的重视。在绝大多数人那里，修辞学还只是修辞格问题和使用语言的技艺问题，而修辞学和真理的关系问题仍旧处在晦暗之中。[①] 尼采曾经特别谈到洛克对于修辞学的极其强烈的厌恶之情，洛克在《人类理解论》中说："我们必须承认，修辞学的一切技术……演说术中所发明的一切技巧的迂回的文字用法，都只能暗示错误的观念，都只能够打动人的感情，都只能够迷惑人的判

① 儒家传统中的"修辞立其诚"曾经以同样的方式显示语言与真理的关联问题，但是即使像"二程"这样的儒者也贬低语言，尤其是诗。

断，因此，它们完全是一套欺骗。”[1]尽管尼采是近代哲学史上少有的试图为修辞学正名的哲学家，但是他对于柏拉图和亚里士多德的修辞学同样持有一种不公正态度，也正是他本人有意无意地设定了一种“哲学家与演讲家之间的对立”[2]，这使得哲学和修辞学的关系问题更加扑朔迷离。

在一定程度上可以说，是海德格尔关于修辞学的思考——确切地说，是海德格尔对于亚里士多德《修辞学》的解读——使得哲学和修辞学的关系重新回到轨道上来，虽然海德格尔的相关思考在国内学术界仅得到很少的关注或研究。在1924年的课程《亚里士多德哲学的基本概念》中，海德格尔不仅详尽地讨论了逻各斯的原初含义，而且还阐释了《政治学》和《修辞学》的某些段落，把他的哲学放置到一种修辞学-政治学的语境之中。海德格尔说：“人的在世存在，根本上是由语言所规定的。人在世存在的根本方式乃是，与世界言谈、关于世界言谈、根据世界言谈。因而，人正是由逻各斯所规定的，如果定义是某种逻各斯，并且逻各斯是人的存在的基本规定，那么就可以

---

① 洛克:《人类理解论》，关文运译，商务印书馆，2012年，第536页。

② 尼采:《古修辞学描述》，屠友祥译，上海人民出版社，2001年，第13页。

看到，定义的根基何在。”[①] 海德格尔在对《政治学》的某些段落进行阐释时特别强调了言谈是共在的合乎存在的根基，而且，共在意味着某种“相互交谈的共在（Miteinandersprechen）”，“其方式是传达、反驳、争辩”[②]。最令人吃惊的是,海德格尔在阐释《修辞学》时明确提到:“修辞学无非是具体的此在的解释，此在本身的解释学。此乃亚里士多德的修辞学的意图所在。”[③] 海德格尔在相关的阐释中不仅强调了共在中的言谈的政治学——修辞学的维度、实践哲学的维度，而且强调了商谈和时间性之间的关联，因此，“修辞学本身并非纯粹形式的学科，毋宁说，很明显的是，修辞学与人之共在这一存在紧密相连”[④]。在一定程度上，我们可以把下面这个规定看作是海德格尔关于修辞学的定义，“修辞学无非是对此在的相互交谈这一基本能力的解释”。麦卡夫在《亚里士多德与〈存在与时间〉》一文的最后这样评价海德格尔的这门课程，“这门课中的亚里士多德阐释，对于理解海德格尔《存在与时间》中所探讨的话语（Rede）至关重要，同时，它也有助于我们针对某些反驳为海德格尔辩护，这些反驳包括：

---

① 海德格尔:《亚里士多德哲学的基本概念》，黄瑞成译，华夏出版社，2014 年，第 20 页。后面的引用，也出自本书，仅标注页码。

② 同上，第 119 页。

③ 同上，第 147 页。

④ 同上，第 153 页。

海德格尔舍弃了伦理学和政治学（罗森、塔米尼奥），海德格尔混淆了修辞学‘相互交谈的共在’的原初含义与意见这一公共领域（史密斯）”[①]。

海德格尔的语言观至少应该包括三个不同的阶段。我们通常更多关注的是《存在与时间》中的语言观和后期关于诗－言－思之间关联的讨论，而且，很多学者在考察海德格尔在《存在与时间》之中关于言谈（Rede）与闲言（Gerede）的讨论与他的早期亚里士多德阐释的关系之时，常常不顾海德格尔本人的声明（“闲言这个词在这里不应用于位卑一等的含义之下。作为术语，它意味着一种正面的现象，这种现象组建着日常此在进行领会和解释的存在样式”[②]），而有意无意地贬低海德格尔的相关思考，故此，海德格尔早期关于修辞学的极具原创性的阐述与他后来关于语言的思考之间的隐秘关联，并没有得到充分的重视。当然，必须指出的是，海德格尔的语言思想绝不仅限于这一方面的灵感。但是，在某种意义上可以说，伽达默尔的修辞学思想一方面和海德格尔的亚里士多德阐释有着千丝万缕的联系，而另一方面，他更为忠实

① 麦卡夫:《亚里士多德与〈存在与时间〉》，王宏建译，马小虎校，载《现代外国哲学》第 15 辑，2018（2）。本段主要根据麦卡夫的文章改写而成，特此注明。

② 海德格尔:《存在与时间》，陈嘉映、王庆节译，熊伟校，生活·读书·新知三联书店，2012 年，第 195 页。

地捍卫了古希腊的修辞学思想，并且重新明确地把伦理学和修辞学联系起来。

伽达默尔曾经追溯修辞学的历史，他坚持亚里士多德的说法，修辞学不仅是指怎样把话说得巧妙，同时亦指说出真理。这一点不同于尼采对柏拉图的误解，尼采认为“柏拉图对于修辞学有着强烈的厌恶感；他称其为技术、某种具有外在魅惑力的诀窍、措辞或声调中含具的快感，并将它贬入迎合之地，与烹调术、装饰术和诡辩术相比肩”[①]；而伽达默尔认为，“柏拉图以伟大的洞察力指出，真正的修辞学是不可能同所谓的辩证法分开的；辩证法在其本来意义上正是被理解为一种引导谈话的艺术，而引导谈话的艺术最终则是取得一致意见的艺术”[②]。更为重要的是，在柏拉图那里，辩证法是以善良意志作为前提的。他特别看重维柯对于修辞学的研究，维柯的研究实际上是把修辞学（演讲术）当作一种和以笛卡尔为代表的唯方法论相抗衡的东西。维柯使他懂得，“现在对于我们来说重要的东西就在于：共通感在这里显然不仅是指那种存在于一切人之中的普遍能力，而且它同时是指那种导致共

① 尼采：《古修辞学描述》，第6页。

② 伽达默尔：《赞美理论》，夏镇平译，上海三联书店，1988年，第151页。

同性的感觉”[①]。而修辞学显然就是能够导致共同性的感觉的论证技巧。

从一开始，伽达默尔关注修辞学就有着实践的目的。伽达默尔在谈到修辞学和解释学的关系时，提出了一个问题，在现时代，修辞学不像传统的修辞学那样关注的是演说和听众的关系，而转向了“写作和阅读艺术的修辞学”，也就是说，“解释学的基本问题是，在通过写作而固定下来的意义与通过读者进行理解的意义之间如何能够达到沟通”[②]。这就涉及如何理解语言与认识的关系问题。具体地说，现代科学的数学图景使得现代人的生存经验与通过修辞学流传给我们的教育和知识的传统遗产之间产生了巨大的冲突。通过数学建构的客体概念只有通过方法才成为可能，而这种把物规定为客体的方法最终达到的目标是彻底解除对象的对抗性而获得对自然的征服与统治。语言变成了这个过程中的一个工具。正是在这种困境中，修辞学传统突然再次获得了生机，因为如果我们是生活在生活世界之中，而不是在客体世界之中，那么，我们就必须通过修辞学而再次获得那些流传下来的伟大教诲，并且通过逻各斯而揭穿科学塑造的世界的真相。

---

① 伽达默尔:《真理与方法》(上)，洪汉鼎译，商务印书馆，2007年，第34页。

② 伽达默尔:《赞美理论》，第149—150页。

在本书中，伽达默尔进一步发展了他关于修辞学的思考。伽达默尔提出了一个有些惊世骇俗，几近耸人听闻的命题：“全部伦理学都是修辞学”（第62页），甚至“一切都是修辞学”（第65页）。同时伽达默尔也做了几个重要的区分。首先要区分修辞学和诡辩，而所谓“诡辩”，就是恶劣地使用修辞学技巧而完全忽略修辞学的真理部分。诡辩只是把修辞学当作一种工具。修辞学和我们信以为真的东西相关，虽然也许我们并不能证明它的真理性，但是我们心悦诚服地相信它是真的，因为在我们试图说服别人时，没有“信以为真”这个因素，它就只能是诡辩。其次，要区分修辞学的真理和数学的真理或者科学的真理。据此，不能把修辞学理解为证明的技艺。最后，要把修辞学和一般认为亚里士多德提到的传统修辞学的定义区分开来。应该说，这一点是最根本意义上的区分。一般认为，根据亚里士多德的想法，修辞学具有三个应用领域，首先是对话或者社交性的消遣，其次是全民投票决定城邦大事之时，最后用于法庭。然而，在伽达默尔看来，这种修辞学的定义过于狭隘，而且它并不属于亚里士多德。伽达默尔说：“伦理学就是修辞学——它是修辞学的善。……关于修辞学，亚里士多德有一个宽泛得多的概念，这种概念和实践知识的全部宽度，也就是说，和 *phronesis*（实践智慧）若合符节。……我在伦理学之中看到了修辞学的发展历程，因为构成修辞学

基础的那些概念是从《伦理学》中进一步发展而来的”。（第 69 页）

绝大多数智者表现出来的状况是，他们把修辞学当作一套纯粹形式的辩论规则，其目的只是为了劝阻某人不要相信真理或者证明某物是不真实的。与此相反，伽达默尔强调，修辞学的概念是一个完全形式的概念。一方面，修辞学也属于思想，它的目的是使他人理解我们的观点或意见并且与我们进行交流，而且它和真理相关，虽然它的真理和数学的或者科学的真理不同。另一方面，修辞学意味着我们在试图说服对方时和对方感同身受，心有戚戚，而不是向对方宣战。因此，在修辞学中包含对于各种情感和激情的讨论，而这把修辞学和伦理学以及一种共同的生活方式联系在一起。伽达默尔说：“我们必须首先从我们在生活中有很多话要说之处开始——这就是对话，而对话恰好属于修辞学的领域。修辞学的意义在于教会一个人如何发表或者组织一场对话，使得一种真正的理解（*synsis*）或者一次真实的交流（*syggnome*）得以可能，而真正的理解和真实的交流构成现实的共识的基础”。（第 67—68 页）

在关于古希腊著名的智者高尔吉亚的讨论中，多托利认为，高尔吉亚的修辞学和一种纯粹想要说服的意愿联系在一起，从而完全忽视了真理问题。伽达默尔对此表示了异议，他对于高尔吉亚教导人们如何说服对方“既相信一个命题，又相信它的反题”做了新的解读。他认为高尔吉亚的目的并不在于证明这些相反的命题都是可以证明的，而在于“他指出了，说服的力量存在于纯粹的证明之外的某种东西之中”（第56页）。正是在这里，立即出现了修辞学的“困境”或者说“本性”，修辞学的确显示了言谈的力量，它能够说服我们相信真理，但是它并不能证明真理本身。对于亚里士多德所说的 *eikos*（可能性，和真理相似的东西），我们不能把它理解为和真理无关，相反，这意味着我们每个人都是在一定的现实中和对方进行交谈的，交谈的目的并不是为了欺骗或者强制，而是为了使真实的东西自行显露出来，“职是之故，亚里士多德称修辞学的领域为 *eikos*（可能的事物），因为这个问题关涉只能显现在我们的言谈中，否则它就不可能是如其自身般显示的真实的东西；它也有可能显现为非真实的东西（Unwahre）”（第58页）。

三

伽达默尔和哈贝马斯之间的个人关系和学术关系是一个饶有兴味的话题。从他们的个人关系来说，一方面，首先是伽达默尔作为伯乐独具慧眼，发现了哈贝马斯的才华，多次提携哈贝马斯，使得哈贝马斯早早地脱颖而出；但另一方面，是哈贝马斯发起的对于伽达默尔的批判，使得伽达默尔的哲学思想和作品不再仅停留在狭小的学术圈，而获得了更多人的关注，并逐渐经典化。依照格朗丹的说法，他们作为同事共同工作，对于他们的学生会起到一种很好的效果："如果说伽达默尔给了他们关于哲学传统的出色观念，哈贝马斯就给他们描绘了思想的新使命的一幅令人惊叹的画像，尤其是他成功地将法兰克福学派的观念、现象学传统的观念、语言哲学和科学哲学的思想结合起来。"[1] 从他们的学术关系说，伽达默尔对于哈贝马斯思想的性质有两点非常值得思考的评论。首先，哈贝马斯"从根本上说不是一位哲学家。他从根本上说是一位政治思想家"（第 128 页）。其次，"他聚精会神于社会科学。就是说，他在做一件在我看来完全微不足道的事情。换言之，这件事情只触及全体选民，而不是人类本身"（第 119 页）。

哈贝马斯在《社会科学的逻辑》（*Zur logik der Sozial-wissenschaft*）中重构了 19 世纪以来主要的反思社会科学的几个关键点，揭示了每一个新的反思阶段是如何从以前的困境之中出现的。在这篇报告中，哈贝马斯给了伽达默尔一个重要的位置。他特别表彰了

① 格朗丹：《伽达默尔传：理解的善良意志》，黄旺、胡成恩译，上海社会科学院出版社，2020 年，第 395 页。

伽达默尔解释学的两个重大功绩：一是强调人文科学和精确科学的不同，不在于处理物理或者量化的资料；二是考虑了在这些学科中存在的解释者的偏见。伽达默尔尤其强调了语言的作用，因为社会成员对于自己的反思是通过语言进行的，而语言自身具有一种自我反思的能力，能够使自身精细化，能够容纳新的意义并超越自身的阻碍。然而，哈贝马斯认为伽达默尔的解释学有一个重大的问题，它没有考虑到社会科学及其认识具有“解放”的旨趣，精神分析和法兰克福学派的意识形态批判却是这方面的典范。而解释学显得太过于保守，不敢质疑对于特定社会的现存秩序的认同。哈贝马斯由此得出的结论是，如果说伽达默尔解释学的旨趣在于理解，那么，他自己的社会科学的旨趣在于“解放”和“批判”。对此，格朗丹评论说：“在哈贝马斯心中，精神科学带有某种老旧和厚古薄今的色彩，特别是由于伽达默尔的典范乃是古代语文学中的经典作品。与之相对，社会科学和批判转向了将来，转向了人与人之间相互理解和承认的光明的未来。意识形态的批判在这里承担精神分析的治疗的使命，并且允许自己对现存社会状态做出破坏性的评判。正如马克思所希望的，这里涉及的不只是理解世界，而是改造世界。”[①]

---

① 格朗丹：《伽达默尔传：理解的善良意志》，第399页。

但是，在伽达默尔看来，要回应哈贝马斯的批判，首先要理解解释学和修辞学的本性。伽达默尔说，实践知识尽管关乎变动不居的历史现实或人类实践，“但实践哲学在某种意义上仍然是理论性的，因为它所教导的并不是去解释和决定某种具体实践情境的实际操作知识，而是促成关于人的行为及其‘政治’此在形式的一般知识”[1]。伽达默尔认为，我们决不能把这种作为政治－实践之基础的知识理解为一种最高级的技术知识，一种制造人类幸福的知识。哲学解释学的批判性表现在，它揭露了天真的客观主义，而以自然科学为榜样的历史科学的自我理解，在很大程度上受到了这种客观主义的束缚。在这一点上，它和意识形态批判有异曲同工之妙。但是，解释学提出了更为重要的普遍性的要求，具体地说，理解和相互理解本来并不是指从方法论的角度而言的对于文本的解读，而是人类社会生活得以进行的形式，人类社会生活的最后形态就是对话共同体。据此，伽达默尔认为精神分析和治疗学的模型虽然适用于个体的精神病患者和医生，但是并不适用于社会意识，社会的精神治疗师并不能说一个社会或者它的一部分正在生病或者遭受着交流的系统性扭曲。恰恰相反，解释学甚至可以构成一种

① 伽达默尔：《真理与方法》（下），洪汉鼎译，商务印书馆，2006年，第302页。

对于深度心理学的合法性的批评。在和多托利的对话之中，伽达默尔以更为深入浅出的方式解释说："分析师站在合适的地方就是一个医生——如果他在实践中接纳了那些需要帮助的病人并试图帮助他们的话。但是，如果他走出他的实践范围，在正常的社会交往过程之中，像追问病人一样追问他同伴的行为的无意识因素，以便把他们从可能的意识形态混乱中解放出来，那么，他就放弃了他作为社会同伴的角色，而变成了一个人们会唯恐避之不及的无所不知的主体。他也就会复归于那个只想要生产，但并不想解放的社会工程师的角色。"（第 118 页）此外，任何一种用来进行意识形态批判的意识形态本身有可能处于被败坏了的危险之中。

意识形态批判的一个核心是权威问题。哈贝马斯认为可以通过他的意识形态批判使得人们从无意识的权威的强制性中解放出来，或者，权威只有通过意识形态的批判才能被合法化，因此，意识形态批判正好可以取代解释学的位置。但是，在伽达默尔看来，哈贝马斯错误地理解了他的权威概念：首先，"我说过的一切不过是，人们不能诉诸权威。人们有权威，但是人们从来不能诉诸权威"（第 113 页）；其次，必须阐释清楚，在何种意义上可以说权威只能是外在的权威。伽达默尔说："权威当然不是外在的强制，而是这样一种东西，它已经完全渗透进共同的习俗、实践、立法和革命中，而且以它最终被一个社会的所有成员接受的方式设法抵制批判的破坏性力量。”（第116页）权威是通过历史而逐渐建立起自身的，权威将自身合法化的方式和习俗、习惯以及从它们当中形成的法律的合法化的方式别无二致。

至于哈贝马斯的交往行为理论，伽达默尔指出它起源于乔姆斯基的语言的技能的概念，它的意思无非是一个人进行对话的能力，但是如果它与社会行为角色的获得结合在一起，就变成了社会学的对象。也就是说，这样一种语言技能变成了对于行为角色的社会因素的一种科学考察的对象，它的知识把它放在由社会工程师处理的位置上。在伽达默尔看来，哈贝马斯的交往行动理论表明了他仍然坚持一种非批判的科学概念，坚持新康德主义所崇信的教条“科学向我们显示事物”，人们只有通过科学才能达到社会的变革。伽达默尔本人认为，社会变革的发生只能通过“重新拥有大量的人口以赢得国家的感觉。这就是我们必需的东西和我们在某种意义上实际已经在中产阶级中间拥有的东西”（第121—122页）。不管是处理无产阶级和资产阶级之间的分歧，还是处理一个国家之内的民族差异和文化差异，伽达默尔都把对话作为国内政治的基础，“因为我们拥有一种奠基性的信念，坚信我们自己的同一性不会在这种相互对话中遭到贬低，也不会绝对地支配他者。相反，它能够充任互相理解和互相尊重的基础。而从根本上能把社会紧紧凝聚在一起的东西，就是这种对话本身”（第169页）。

四

海德格尔和神学的关系是一个非常复杂的问题。伽达默尔常常说海德格尔是一个寻求上帝的人，反复提到海德格尔和基督教的关系。他在《存在、精神、上帝》一文中曾经提到，海德格尔在1921年给勒维特的信中说“我是一个基督教神学家”，但是同时，伽达默尔也揭示出海德格尔作为基督教神学家和思想家之间的张力：“不是基督教神学家而谈论神，他因此而感受不到权威，但是又不得不去谈论神，而且不是在一开始谈论它时就像科学在谈论它自己的对象那样。这就是折磨着他的问题——这证明他走在思想的道路上。”[①] 海德格尔早期对原始基督教的阐释既帮助他清理出此在的生存论分析的核心内容，又帮助他澄清了对于时间性的理解，从而踏上走向《存在与时间》的道路。后来，为了重新确立信仰的意义，海德格尔展开了对于基督教神学的批评。更为重要的是，通过对

---

① 伽达默尔：《伽达默尔集》，严平编选，邓安庆等译，上海远东出版社，1997年，第446页。

于荷尔德林诗歌和尼采著作的阐释，他揭示了神之逃遁的命运与最后的神来临的可能性。

海德格尔的“最后的神”观念也许是他的哲学中最难理解的一个术语。在《哲学论稿》第七部分《最后的神》中，海德格尔一开始就特别提醒，这个最后的神，这个完全不同的神，是和曾经存在的各种神祇，尤其是和基督教的上帝对立的，不能依照西方（也许是全部人类）文化中有过的神的形象来理解它。它不是创造者，不是存在的居有者，也不是比存在更高的东西。最后的神是最原始的东西，是“在拒绝给予中的存有之允诺中的丰富性”[①]。说它是最后的神，并不意味着终结，恰恰相反，它是历史可能性的另一个开端，我们唯有保持着对于这个最后的神的持久预感的准备，存有本身才可能达到成熟，人才可能成功地使存在者复原。海德格尔是通过本有（Ereignis）、人与上帝三者之间的关系来呈现出最后的神的本性的，人与上帝之间的关系必须以本有作为串联者。海德格尔这样描述我们现代人的处境：“我们置身于这样一种围绕最后之神的斗争中，这意思也即说，我们置身于那种围绕存有之真理的建基的斗争中——作为最后之神掠过的寂静之时空（Zeitraum）的存有之真理（我们

---

① 海德格尔：《哲学论稿（从本有而来）》，孙周兴译，商务印书馆，2012年，第430页。

不能做围绕上帝本身的斗争），我们于是必然地置身于作为本有过程的存有的权力领域，因而置身于最鲜明的转向之漩涡的极端广度中。”[①] 也就是说，唯有在人真正经验到了存有自身的弃绝这一极端的困境之时，最后的神才会通过一种暗示告诉人，它将降临于人。有所准备的人承载起这种急迫，并且发现自己在应答一种召唤之时，最后的神的暗示才会通过这一召唤而发生。由此，本有的拒绝给予把此－在提升起来，使他进入对于自由的建基之中。抛开海德格尔关于最后的神的各种晦涩难懂的讨论，也抛开神学家关于最后的神的教派归属问题，有一点可以肯定的是，“因为他要说的无非是一种崭新的超越哲学；但这亦非与第一个开端截然分开的东西，一旦形而上学思维得以克服，另一个开端便骤然敞开，吾人便可跃入存有历史的维度”[②]。

伽达默尔和多托利的这一系列对话以“最后的神”收尾绝非偶然。但是，必须指出，在伽达默尔那里，最后的神基本上等同于“超越”，和海德格尔的最后的神虽有相似的旨趣，却不能不加区分。如果一定要在海德格尔那里找到一个和他自己的“最后的神”意义相近的术语，伽达默尔应该会说，是“存在”“发生－

① 海德格尔：《哲学论稿（从本有而来）》，第438页。

② 林子淳：《“最后之神”即海德格尔的基督？》，载《世界哲学》，2015年第1期。

事件”（Ereignis）。伽达默尔称自己的哲学是一种有限性的哲学，这实际上蕴含着“有限性”与“超越”之间的并立问题。伽达默尔应该会承认多托利关于海德格尔和超越的那个判断，“在《康德与形而上学问题》中，海德格尔本人把超越与有限性等量齐观，因为他认为我们是有限的，正是因为我们被迫使着超越经验的领域”（第101—102页）。伽达默尔本人则认为超越是他的解释学必然蕴含着的东西，哲学作为认识受到了极大的限制，这种我们永远不知道、永远也无法抵达的东西就是超越。

非常有趣的是，是否承认超越问题甚至成为伽达默尔评判某个人的哲学是否是一种真正的哲学的标准。在谈到波普尔时，他说：“在波普尔的情况中，滑稽的是，据说他总是否认超越。……但是后来，我再也不可能对他满意了。我认为，如果一个人承认他必须专心致志于‘超越问题是不可或缺的’这个命题，那么，他就再也不会踏上波普尔的道路与之结伴偕行了。”（第98—99页）在评判谢林和黑格尔的哲学高低之时，他说：“不管怎样，我一开始想说的是，在黑格尔哲学（它以清教徒的方式阐释自己）和谢林哲学之间的区别，似乎出现在如下事实之中，即谢林——尽管他对基督教做过哲学的阐释——最终仍然是一个基督徒。然而，黑格尔——尽管他并没有扬弃（aufheben）基督教，他仍然是一个基督徒，但他是一个基督教新教教徒——通过纯粹的自我反思而最终不再认真对待启示了，这和布尔特曼极为相似。”（第99—100页）同样，在评判雅斯贝尔斯的哲学和海德格尔的哲学哪一个更为深刻、哪一个更为主要之时，伽达默尔说：“在我看来，就当代的处境而言，（雅斯贝尔斯的）实存的阐明只是一个道学味很浓的资产阶级术语，而绝非超越的宗教意义上的。它不是在一个教会或者一种宗教意义上的超越，相反，它仍然受到启蒙的影响，而我们所有人也都暴露于启蒙的影响之下。在这里，他们之间显然有区别，在这个意义上，海德格尔是一个宗教的人，而雅斯贝尔斯绝不是。”（第189—190页）

也正是从对于超越的理解的角度出发，伽达默尔认为，重要的不是去建立一个形而上学的体系，而是应该把解释学理解为不同的宗教和不同的文化之间的对话，或者说，一种关于超越的宗教的对话。在他看来，雅斯贝尔斯的超越概念没有能力承担起这个历史的使命，因为雅斯贝尔斯的超越概念染上了太多的启蒙色彩，而启蒙只关涉西方文明和西方历史，而绝非整个世界的事务。伽达默尔并不认为经过启蒙的西方文明具有高人一等的特性，但是，现代世界的人应该感受到了人类文明自身存在的危机，而诸如畏（Angst）这样的所有人都具有的自然本能，会驱使我们对人类自身的处境进行反思。全球性的危机已经威胁到这个星球上的生命继续存在的可能，伽达默尔说，“我们对人性不要再有任何期待”（第212页），唯一有可能拯救人类命运的是“人们会逐渐以某种合乎理性的方式理解超越的概念”（第213页）。

伽达默尔并不在一般的意义上反对神学，反对教会。在谈到纳粹德国时期德国教会和希特勒政府之间的关系时，伽达默尔对于教会和神学的缺点洞若观火。他和海德格尔一样对于教会的帝国主义时时保持着警惕，告诫不能使神学变成一个国家内部的教会帝国主义的工具，也不能滥用神学的教条，但是，他并不打算因此而控诉神学或教会。相反，如果在超越的意义上理解神学，那么，神学仍旧是世界拯救的最后期望。伽达默尔不仅通过明确指出解释学的神学来源来证明神学的根本意义，而且回顾了神学与德国的政治和文化之间的关系。“神学，尤其是在德国，在宗教改革时期的政治与文化论战中起了重大的作用，对于磨砺和精炼我们对于宗教、伦理和哲学问题的感受力贡献良多……”（第213—214页）生而为人应当具有的宗教情感固然可能会屈从于学说或权力，但是，“也许它是一种希望。或者，毋宁说，它是一个在我们的共同理解中把我们联合起来的任务。这种终极的伦理任务绝不可以与我们追问和理解我们自己的实存的那个任务分离开来”（第214页）。因此，在伽达默尔看来，解决这个世界上的最根本的问题或危机的唯一途径就是对话，是世界上几大文明——不，几种最重要的宗教——摒弃各种差异与分歧，走到一起，通过对话而达到相互理解。

晚年的海德格尔在《明镜周刊》对他进行专访时曾说："只还有一个上帝能够救渡我们。留给我们唯一的可能是，在思想与诗歌中为上帝之出现做准备或者为在没落中上帝之不出现做准备；我们瞻望着不出现的上帝而没落。"而在和多托利的对话中，伽达默尔说过一句无论在内容上还是音调上都与此极为类似的话，也许可以把它当作这篇文章的结尾：

> 噢，也许我们没有能力去做了，如果四种伟大的宗教能够相互达成一致，承认超越是"伟大的未知者"，那么，它们也许就能够阻止用天然气和化学物品破坏大地的表面。只还有这唯一一条出路，没有其他路可走了。我们必须进入和诸世界宗教的对话。也许我们有足够的时间，也许我们没有足够的时间了，我不知道事情之究竟。也许需要几个世纪，才有可能把在基督教的意义上——在我们被抚养成人的意义上——的某种形式的人权普遍化。（第191页）

多年前，我偶然读到本书的英译本。一读之下，满口余香，爱不释手，于是萌生了把它译成中文，介绍给国内读者的念头。但是由于手头没有德文原版，也由于我做事拖沓的积习，一直心在想而事未成。感谢生活·读书·新知三联书店的编辑李静韬博士，在我和她谈到本书的内容和价值之后，积极申报出版选题和联系版权，为我了却一桩心愿，使我下定决心把这本书翻译出来；感谢湖南大学岳麓书院王宏建副教授惠借我德文原著，他慨允把书借给我之时远在德国访学，却不惮其烦地立即让学生把书寄给我，从我向他提出借书到我收到书仅仅过去了两天；感谢我的学生们，郑州大学的李彬博士和在法国斯特拉斯堡大学攻读哲学博士学位的姜超，初稿译出后，他们通读了全文，并提出了宝贵的意见。本书根据 LIT 出版社 2002 年出版的 *Die Lektion des Jahrhunderts:Ein Interview von Riccardo Dottori* 进行翻译，并且参考了它的英译本 *A Century of Philosophy: Hans-Georg Gadamer in Conversation with Riccardo Dottori*（translated by Rod Coltman with Sigrid Koepke, Continuum, New York and London, 2003）。译文容有不足，愿方家、读者不吝赐教！

王志宏　于昆明

2022 年 5 月 5 日